CAHIERS
▶ n° 149 / 2e trimestre 2017
PHILOSOPHIQUES

CAHIERS PHILOSOPHIQUES
est une publication de la Librairie Philosophique J. Vrin
6, place de la Sorbonne
75005 Paris
www.vrin.fr
contact@vrin.fr

Directeur de la publication
DENIS ARNAUD

Rédactrice en chef
NATHALIE CHOUCHAN

Comité scientifique
BARBARA CASSIN
ANNE FAGOT-LARGEAULT
FRANCINE MARKOVITSW
PIERRE-FRANÇOIS MOREAU
JEAN-LOUIS POIRIER

Comité de rédaction
ALIÈNOR BERTRAND
LAURE BORDONABA
MICHEL BOURDEAU
JEAN-MARIE CHEVALIER
MICHÈLE COHEN-HALIMI
BARBARA DE NEGRONI
STÉPHANE MARCHAND
MARION SCHUMM

Sites internet
www.vrin.fr/cahiersphilosophiques.htm
http://cahiersphilosophiques.hypotheses.org
www.cairn.info/revue-cahiers-philosophiques.htm

Suivi éditorial
BÉATRICE TROTIER-FAURION

Abonnements
FRÉDÉRIC MENDES
Tél. : 01 43 54 03 47 – Fax : 01 43 54 48 18
fmendes@vrin.fr

Vente aux libraires
Tél. : 01 43 54 03 10
comptoir@vrin.fr

ISSN 0241-2799
ISBN 978-2-7116-6000-1
Dépôt légal : Septembre 2017
© Librairie Philosophique J. Vrin, 2017

SOMMAIRE

ÉDITORIAL

L a mémoire n'est pas propre à l'espèce humaine. En *Métaphysique* A, 1, Aristote fait de la mémoire un critère de hiérarchisation naturelle des animaux : ceux qui disposent spontanément de sensation « accompagnée de mémoire » sont à la fois « plus intelligents et plus aptes à apprendre que ceux qui sont incapables de se souvenir » – l'humanité ne fait pas exception, elle partage avec d'autres vivants, « supérieurs », ses capacités mémorielles. Et si l'on considère non plus les « machines naturelles » mais les artificielles, et les technologies qui leur sont associées, la capacité physique de mémoriser des informations est une composante essentielle, en particulier dans le fonctionnement des ordinateurs et de l'ensemble des dispositifs qui s'y rattachent. L'informatique se déploie comme un processus « intrinsèquement temporel[1] » et la conception même des machines informatiques intègre une ou plusieurs mémoires, garantes de l'identité de l'information dans le temps. La fabrication physique de cette mémoire requiert des matériaux susceptibles de recevoir et conserver des données mises en forme et des procédés techniques permettant de les récupérer avec fiabilité. Cette mémoire informatique, nommée telle par analogie avec la faculté mémorielle du vivant, ne conserve que de l'information qui doit être parfaitement restituée le moment venu dans un processus de calcul. Quelle que soit la technicité requise pour y parvenir, son fonctionnement apparaît d'une grande simplicité au regard des différentes strates de mémorisation et remémoration impliquées dans la conscience des hommes, et constitutives d'un temps proprement vécu.

La mémoire machinique, si performante soit-elle, ne peut servir de modèle pour la compréhension de la mémoire humaine : notre mémorisation ne ressortit pas de la simple inscription dans un matériau « gravable » d'une trace qui ne demanderait ensuite qu'à être retrouvée et restituée lorsque nous le désirons. La mémoire humaine semble résulter de la combinaison et de l'interférence de plusieurs types de mémoires : une mémoire immédiate par laquelle nous traitons instantanément les informations, une mémoire événementielle par laquelle nous retenons les événements en fonction de conjonctures sociales et historiques déterminées, une mémoire autobiographique, qui nous situe entre nos ascendants et nos descendants, une mémoire sémantique, une mémoire procédurale enfin, mémoire de nos apprentissages corporels tels la marche ou la nage et qui se révèle la plus durable et la plus fiable au cours du temps et face aux accidents ou pathologies auxquels chacun risque d'être confronté[2]. L'unité même de ces différents processus est loin d'aller de soi, et il semble bien que « mémoire » se dise en plusieurs sens. Les pathologies de la mémoire, tout particulièrement les maladies

---

1. *Cf.* D. Lommelé et B. Mélès, « Forme et matière informatiques : le concept de mémoire et ses réalisations physiques ».
2. *Cf.* « Les maladies de la mémoire », entretien avec B. Le Dastumer et E. Candas, p. 113.

neurodégénératives telles la maladie d'Alzheimer, mettent au jour avec acuité les liens étroits entre la mémoire et la conscience de soi, entre la mémoire et l'identité personnelle. C'est d'ailleurs un argument utilisé par une certaine philosophie de l'esprit qui fait l'hypothèse que les phénomènes mentaux sont réductibles à des phénomènes physiques puisque l'altération physique de la mémoire se traduit par une perte progressive de la personnalité psychique. Cette proposition est pourtant loin d'aller de soi[3] : considérer la mémoire comme un phénomène cérébral mesurable et assimiler la perte de mémoire à une perte d'identité se heurte à l'expérience, notamment à celle qu'il nous est donné de faire de la maladie d'un autre, à laquelle il arrive qu'on soit confronté. La perte de mémoire d'un proche me fait à l'évidence douter de l'identité de celui qui me fait face. Il existe une solution de continuité entre des moments où je suis face à ce sujet réellement présent et parlant que je connais et reconnais et d'autres où je suis confronté à « quelqu'un » qui semble en quelque sorte s'être perdu lui-même. Cette interrogation sur l'identité a toutefois quelque chose d'abstrait et de forcé : je sais avec certitude que, face à la présence-absence de celui que j'aime, je ne peux être et agir autrement qu'en m'y rapportant non pas comme à une personne *quelconque* sur un mode vaguement humaniste mais comme à *cette* personne singulière que j'aime et dont je partage l'existence.

Dans le livre II de l'*Essai sur l'entendement humain*, Locke rattache l'identité personnelle à la conscience : est personne tout être qui *se sait* être une personne. Cette thèse, d'emblée critiquée par ses contemporains, se heurte à des objections nombreuses et difficilement surmontables, impliquant la nature et la portée de la mémoire. Celle-ci est requise pour rendre compte d'une identité personnelle perdurant dans le temps car la conscience est, pour Locke, une activité et non une substance : c'est dans le présent immédiat – en acte – qu'on prend et reprend sans cesse conscience de soi. « Dans la mesure où un être intelligent peut reproduire l'idée de n'importe quelle action passée avec la même conscience qu'il en avait à l'époque et y ajouter la même conscience qu'il a de n'importe quelle action présente, dans cette mesure il est le même soi personnel[4]. »

La mémoire, telle que Locke la caractérise, est constituée de souvenirs, qui ne sont que la reproduction actuelle de l'idée d'une action passée. Ainsi définie, il ne semble pas que la mémoire puisse jouer ce rôle que Locke souhaite lui conférer : qu'est-ce qui assure le lien entre la conscience des souvenirs et la conscience présente ? qu'est-ce qui atteste que cette histoire dont je me souviens est bien la mienne ? Questions qui se posent d'autant plus que l'insistance sur le rôle du souvenir se fait au détriment de la mémoire procédurale, mémoire-habitude inscrite dans la vie même de la conscience en tant que celle-ci est inséparable du corps[5]. Tout autant que le lien à l'identité personnelle, c'est la caractérisation de la mémoire qui fait ici difficulté. Dans les *Nouveaux essais sur l'entendement*

■ 3. *Cf.* M. Malherbe, « La philosophie à l'épreuve des faits : mémoire et identité », p. 10 *sq.*
■ 4. Locke, *Essai sur l'entendement humain*, II, 27, § 9, Paris, Vrin, 2001.
■ 5. *Ibid.*, p. 14-16.

humain, Leibniz faisait déjà ressortir un double écueil : si l'on refuse, comme le fait Locke, de penser le soi personnel comme une substance, il n'est pas recevable de retenir une notion de mémoire aussi restrictive, à savoir une simple conservation de souvenirs individuels qui ne prend pas en compte les cadres culturels, sociaux et intersubjectifs dans lesquels se forment nos souvenirs ; notion qui suppose par ailleurs une hétérogénéité complète entre le passé et avec le futur, là où Leibniz juge qu'il nous « reste des impressions de tout ce qui est autrefois arrivé » *et* des « pressentiments de tout ce qui nous arrivera ». Seule une théorie de la perception allant – même confusément – à l'infini peut nous faire comprendre ce que mémoire signifie, à l'articulation de la perception et de l'appétition – passage d'un moment ou d'un état aux suivants.

Une certaine approche contemporaine de la mémoire, confortée par des expérimentations issues des neurosciences, retrouve les interrogations leibniziennes et insiste sur la dimension constructive de la mémoire épisodique, celle-là même qui est porteuse de souvenirs[6]. Tout souvenir est en partie *construit* et la mémorisation se fait sur la base d'une série de narrations plus ou moins conscientes. Il n'y a peut-être pas de différence de nature entre la possibilité que nous avons de « voyager dans le temps » vers le passé *et* vers le futur, et de nous y « projeter » en première personne. Cette question engage des considérations épistémiques : dans quelle mesure peut-on considérer que le passé est plus certain que le futur ? Certes, le passé est révolu, il est « ce qui s'est passé » mais ce qui est en question, ce sont les modalités qui nous permettent d'y accéder, de le retrouver. Dans *The analysis of mind*, Russell[7] montre que des normes épistémiques trop exigeantes – la fiabilité et la certitude parfaite – reviennent à nous priver de la connaissance de notre passé. Il faut bien plutôt admettre que le rapport que nous entretenons avec celui-ci ne dispose que d'un « certain degré de fiabilité », pas davantage.

Cela n'implique nullement de nier l'importance des *témoins* du passé, du recueil de leur mémoire, pour l'écriture de l'histoire. L'émergence d'une histoire nouvelle, histoire du *temps présent*, consiste justement en une élaboration scientifique dont le matériau est une mémoire plurielle, portée par une multitude d'acteurs, mémoire vivante, qui diffère de l'archive figée et demande à être collectée puis travaillée[8]. La narration de l'historien diffère, dans sa finalité et ses modalités, de la simple mise en récit des souvenirs. Il faut bien considérer toutefois l'existence d'une « construction » mémorielle subjective, construction qui dépend de cadres culturels, d'une certaine articulation du langage au social.

Ainsi l'anthropologie nous éclaire-t-elle sur le fonctionnement différencié de la mémoire, sur les liens, plus ou moins puissants, qui se tissent à l'échelle d'un groupe entre la mémoire et l'identité collectives. Dans son étude sur le silence dans la culture apache occidentale, l'anthropologue Keith H. Basso[9]

6. *Cf.* L. Gérardin-Laverge, « Mémoire constructive, imagination et voyage mental dans le temps », p. 40.
7. Cité par L. Gérardin-Laverge, p. 36.
8. *Cf.* « Les jeux de mémoire d'un matériau industriel », entretien avec I. Grinberg, p. 80-82.
9. K. H. Basso, « "Renoncer aux mots" : le silence dans la culture apache occidentale », p. 92-106.

présente plusieurs situations sociales où le silence est préféré à la parole pour conjurer le risque d'« oublier qui on est ». Les parents qui retrouvent leurs enfants après une longue absence due à leur scolarité, commencent par se taire pendant un long moment, car ceux-ci pourraient « ne plus être les mêmes » après avoir été pendant si longtemps au contact des Blancs. C'est seulement lorsqu'ils « reconnaissent » leurs enfants, lorsqu'ils constatent dans leurs usages et leurs mots les signes imperceptibles qu'ils ne sont pas devenus des « inconnus » et qu'ils restent des Apaches, qu'ils peuvent à nouveau leur parler. Cette mémoire de soi, qui procède d'une imprégnation familiale et sociale, est le rempart, présumé fragile, à la menace de l'acculturation. L'identité subjective est ainsi tributaire de plusieurs formes de mémoire : mémoire procédurale inscrite dans le corps, mémoire individuelle articulée aux mots, ceux d'une langue et d'une culture dont nous sommes partie prenante mais dont nous n'avons pas la maîtrise, et ceux qui contribuent à notre histoire singulière, enfin, mémoire collective partagée des savoirs et des savoir-faire. Il faut toutefois ajouter que, pour subjective qu'elle soit, cette mémoire ne nous isole pas et même ne nous laisse jamais seuls.

Cela peut s'entendre d'un point de vue moral et religieux, celui de la faute et de la culpabilité. Lorsque Kierkegaard élabore le concept d'une mémoire proprement religieuse – chrétienne en réalité – il insiste sur le rapport que le vrai croyant se doit d'entretenir avec le péché, lui qui doit vivre dans le ressouvenir et l'anticipation permanents de la faute[10]. La parole de Dieu doit être inscrite en nous comme « une écharde dans la chair », une souffrance présente, sans cesse renouvelée, qui nous rappelle notre statut indépassable et notre responsabilité de pécheur. Nous savons, écrit le philosophe dans ses *Discours chrétiens*, que « si Christ revenait parmi nous, il serait encore crucifié ». L'existence de tout homme, dans la vision chrétienne du monde est marquée à jamais et conserve la trace d'une première nature et plus encore, celle du péché originel qui l'abolit.

Cela peut aussi s'entendre du point de vue d'une intersubjectivité séculière et immanente : notre mémoire est tissée de celle des autres, même et surtout si nous ne nous souvenons pas des mêmes choses lorsque des moments ont été partagés. Il importe autant – c'est l'objet de la cure analytique – de *se* remémorer en première personne, de mettre en récit ce que l'on a vécu, que de se confronter à la mémoire ou l'absence de mémoire des autres – croisement incertain des perspectives de souvenir. Et lorsque cette absence résulte d'une véritable perte de mémoire consécutive à une pathologie ou simplement à la vieillesse, la riche mémoire de ce qui a été vécu ensemble, maintient non seulement l'humanité de l'autre, mais sa présence même.

Nathalie Chouchan

■ 10. *Cf.* B. de Negroni, « Répétition et repentir : les paradoxes d'une mémoire religieuse », p. 42-60.

DOSSIER

La mémoire

PHILOSOPHIE À L'ÉPREUVE DES FAITS : MÉMOIRE ET IDENTITÉ

Michel Malherbe

Toute réalité dans la vie humaine est-elle réductible à une question philosophique ? La maladie d'Alzheimer est une partie de la réalité humaine. On peut la décrire : la perte progressive de la mémoire, une identité personnelle de plus en plus rompue. Depuis Locke, la philosophie attache l'identité personnelle à la conscience. La conscience est un acte, elle n'est pas une substance. Comment penser cet acte comme une identité dans le temps ? On invoque alors la mémoire. Mais la mémoire ne donne pas la réponse, même lorsqu'on passe de la question psychologique de cette faculté à la question ontologique du temps. Comment dès lors reconnaître le patient atteint d'Alzheimer comme un être humain ?

L a philosophie ne manque pas de suffisance. Elle estime que toute question véritable ne peut être posée et développée que dans son horizon. Dans un texte bien connu, Hume faisait la distinction entre deux sortes de philosophies, l'*easy and obvious philosophy* qui traite des choses qui sont importantes et l'*accurate and abstruse philosophy* qui étudie les choses curieuses[1]. Les choses importantes sont importantes pour la vie des hommes et elles font la matière des interrogations de sens et de valeur, c'est-à-dire des questions existentielles liées à la pratique humaine. Les choses curieuses font la matière des questions de vérité telles que la philosophie abstraite se les pose à elle-même, questions qui requièrent étude et analyse et qui peuvent être sans importance. N'observe-t-on pas, aujourd'hui, un tel partage dans le double glissement du discours philosophique contemporain d'une part vers cette philosophie populaire qu'est l'éthique appliquée à l'ordinaire de la vie, et d'autre part vers cette autre sorte de philosophie, savante, qu'est la *philosophy of the mind* qui, naturalisant l'esprit, guérit le philosophe de toute velléité de sens et de

---

1. Hume, *Enquête sur l'entendement humain*, trad. fr. M. Malherbe, Paris, Vrin, 2008, p. 33-37.

valeur. La première s'empare de l'expérience vécue, la déclare signifiante et s'applique à en expliciter avec éloquence tout ce qui s'y représente ; elle produit ainsi l'opinion droite, ce dans quoi les hommes peuvent se réunir quand ils ont à traiter des choses qui leur importent. La seconde développe une rationalité qui lui est spécifique et s'adresse aux habiles ; elle déclare qu'il n'est aucune réalité d'expérience qui ne soit déjà instruite et qui ne puisse être construite par concept et système, de sorte qu'elle s'accorde le droit de bâtir par ses propres moyens des expériences de pensée. Dans les deux cas, la réalité est réputée saisie d'emblée par la philosophie, de sorte qu'on ne saurait soulever des questions qui lui seraient étrangères. Et, cependant, il est des réalités d'expérience qui posent à la philosophie des questions qui ne sont pas déjà acquises à la philosophie.

Je croise dans le couloir de l'EHPAD une dame âgée avec laquelle je ne manque jamais d'échanger quelques mots. Nous engageons une conversation à bâtons rompus. Présence. Dialogue. Mais voici que son langage se défait et se désagrège : ses phrases deviennent incohérentes, un mot chasse l'autre et, à la fin, il n'y a plus qu'un bégaiement. Dans le même temps, son regard s'est perdu et son visage, qui était avenant il y a un instant, est devenu inexpressif. Absence. Paradoxe d'une présence qui dégénère en absence. Elle est là et elle n'est pas là. Est-elle ailleurs, dans son monde ? Mais devant *qui* suis-je ? J'en viens à douter que ce soit la même personne et même que j'aie devant moi encore une personne une et identique. Cela n'a aucun sens, aucun sens qui soit humain : en vérité, je ne suis pas devant une personne, je suis face à une pathologie.

« Voilà bien la preuve, dira une certaine philosophie de l'esprit s'appuyant sur les sciences neurobiologiques, voilà la preuve que les phénomènes mentaux se réduisent à des processus qui sont physiques. Traitons de cette pathologie de l'identité personnelle en la rapportant à la fonction de la mémoire. L'intérêt spéculatif des maladies neurodégénératives est précisément de décliner, au fur et à mesure de leur progression, les différentes sortes de mémoire qui sont atteintes : perte de la mémoire « immédiate », c'est-à-dire de la faculté d'encoder le présent lorsqu'il cesse d'être présent, perte progressive du souvenir déjà encodé, et donc plus lointain dans le temps, perte inexorable des facultés cognitives impliquant la mémoire sémantique : la reconnaissance d'autrui, la reconnaissance de soi, la reconnaissance d'objet, perte déroutante des habitudes (de la mémoire procédurale) conduisant à différentes formes d'apraxie ; et, *in fine*, perte qui va jusqu'à affecter la part de mémoire qui est inscrite dans le schéma corporel. Ainsi, l'identité personnelle a-t-elle partie liée avec la mémoire ; et la mémoire est une affaire d'aires cérébrales et de liaisons neuronales ».

Voire ! La question de l'identité personnelle et l'étude de la mémoire relèvent de deux ordres différents. La perte de la mémoire a pour cause un phénomène cérébral que l'on peut évaluer et mesurer dans des conditions expérimentales, à l'aide de différentes techniques et par le moyen de tests mentaux. Et de cette double investigation, par définition savante, à laquelle s'emploient les sciences cognitives et les sciences neuronales, on peut induire une partie du tableau clinique de la maladie. C'est évidemment une question intéressante et fort curieuse. Mais la maladie est une chose et la vieille dame en est une autre. Et la question que je me pose de son identité conditionne le rapport que je puis ou que je dois entretenir avec elle. C'est une question pratique, et donc une question importante, qui n'intéresse son cerveau que dans la mesure où elle intéresse son humanité. Or l'humanité de la vieille dame relève-t-elle de la recherche des causes ? Qu'elle ait basculé de la présence dans l'absence est un symptôme incontestable de la maladie, mais conclure de là qu'un patient alzheimer parvenu à un stade avancé de cette maladie n'est plus une personne, c'est faire un pas que même le sens commun réprouve. Car le sens commun dira : « Bien évidemment, cette patiente est encore un être humain ! Son absence n'est pas si totale qu'elle disparaisse dans sa personne. Au demeurant, elle seule pourrait répondre à la question que vous vous posez, puisque vous n'avez de certitude pleine et entière que de vous-même. La conscience de soi est une conscience dans le temps. Vous-même avez la conscience claire et distincte d'être le même et d'être resté le même dans le temps. Et c'est ce sentiment que vous prêtez spontanément à autrui. Si vous ne le faites pas, il n'y a plus de société humaine et vous ôtez tout sens aux relations humaines. Cessez de poser des questions qui ne sont que curieuses ».

La conscience de soi est une conscience dans le temps

La question de l'identité de la vieille dame appellerait ainsi, spontanément une réponse humaniste, si le comportement pathologique que j'observe n'était pas tel qu'il met gravement en cause cette identité. Comment alors en décider, autrement que par une analyse philosophique qui reconduise cette question pratique de l'identité à l'étude spéculative de la mémoire, étude pour laquelle je dispose d'un corps indubitable de phénomènes mentaux qui sont observables et dont on connaît de mieux en mieux les causes cérébrales[2]. Bref, il me faut ici réconcilier la philosophie évidente et facile et la philosophie abstruse et analytique. Si je n'y parviens pas, alors cette expérience présente qui est mienne me conduit à mettre en cause la division que Hume opère entre les deux sortes de discours et à y voir le flagrant témoignage de l'impuissance de la philosophie en cette affaire.

Il y a un instant, la vieille dame et moi, nous conversions tranquillement, *elle était là*. Notre relation était de sujet à sujet. Sans doute ne pouvais-je entrer dans la conscience qu'elle avait d'elle-même ; mais je lui posais des questions qui touchaient à son présent et à son passé. Et ses réponses attestaient suffisamment qu'elle avait une telle conscience d'elle-même dans le temps. Mais voici qu'à présent, tout en étant physiquement toujours là devant moi, *elle n'est plus là*, elle reste inexpressive, je n'ai plus de preuve manifeste de son existence subjective. Et inévitablement je passe d'un rapport à la première personne à un rapport à la troisième personne : je ne peux plus

---

■ 2. Notons que la mémoire n'est pas le seul biais par lequel aborder cette question épineuse de l'identité personnelle ; il en est un autre, peut-être plus fondamental, celui du rapport de l'esprit et du corps.

spontanément nourrir ma certitude que j'ai affaire pleinement à un sujet, et la vieille dame devient pour moi un objet d'attention et d'examen, un *elle*, c'est-à-dire un objet, il est vrai un objet susceptible de redevenir un sujet.

Je ne puis ignorer la solution de continuité entre les deux temps : avant j'avais un sujet doté d'une mémoire vive et capable de parole, après j'ai une entité qui demeure, certes, mais sur ce mode problématique du *elle*. Et je dis : elle s'est oubliée elle-même, elle s'est perdue elle-même. Or, comment réconcilier les deux perceptions que j'ai ? J'ai un réel problème d'identification et de reconnaissance.

Raisonnons librement dans les termes du célèbre chapitre 27 du IIe livre de *l'Essai sur l'entendement humain* de Locke, qui est consacré notamment à l'identité personnelle et qui est particulièrement structurant jusque dans les problèmes qu'il peine à résoudre[3]. Dire de la vieille dame : *elle n'est plus là*, c'est admettre que quelque chose se conserve, ce là où elle était quand elle était *là*. Elle est toujours devant moi : j'ai devant moi le même corps matériel que je n'ai pas quitté des yeux, qui remplit l'espace d'un volume déterminé, qui exclut toute présence étrangère ou concurrente dans le lieu qu'il occupe et que je peux individuer en précisant ses coordonnées spatiales et en déclarant depuis combien de temps il est dans ce lieu. Je n'ai donc pas de difficulté à conclure qu'existe et permane une entité une et individuée en ce point de l'espace et du temps, et jouissant d'une identité numérique caractéristique de toute réalité substantielle en ce monde.

Mais ce corps spatial devant moi est aussi un corps vivant qui est manifestement soumis à des altérations importantes : extérieurement il se raidit, intérieurement il se relâche, la vie semble se retirer de lui, etc. ; et je sais par ailleurs que tout corps vivant ne cesse de se renouveler dans sa substance et que, si je l'individue, ce ne peut être par sa matière qui est en constant écoulement, mais qu'il faut que ce soit par la constance d'une forme organisatrice, celle qui est caractéristique d'une vie individuelle et qui n'est détruite que par la mort. Et, à ce titre, je puis bien prétendre que, passant du premier moment de l'épisode au second, j'appréhende toujours le même corps vivant, demeurant un et identique dans l'écoulement du temps. Mais de cette identité vive dont je ne doute point, de cette identité conservée d'un même corps vivant, je ne puis tirer la conclusion que la vieille dame, tout en n'étant plus là, *est encore là*. En effet, si l'on se souvient que tout être vivant a le double caractère d'être un individu singulier et d'être en même temps le membre d'une espèce, il est clair que, si je saisis l'identité singulière de cet être vivant qui est devant moi, c'est à la lumière des qualités qui sont celles d'une espèce déterminée, en l'occurrence : l'espèce humaine. Le vivant singulier que j'observe est un être humain. Je le saisis singulier mais en tant qu'être humain. Or il y a dans son humanité reconnue un facteur de généralité. Dire : je suis devant un être qui reste un et identique dans son humanité, ce n'est pas dire : je suis devant cette même madame *P...*

■ 3. On se reportera à l'excellent article de Philippe Hamou, « Mémoire et conscience continuée, une lecture de Locke sur l'identité personnelle » *dans Philosophical Enquiries, Revue des philosophies anglophones,* philosophicalenquiries.com, 2014, n° 3.

Je ne puis déclarer que ceci : tout x qui satisfait à la description définie « être humain » est un être humain ; et j'ai devant moi une entité qui répond à ce critère. Mais cette entité, une et la même, reste anonyme. La simple identité numérique (physique) est attachée à la permanence d'une matière ; l'identité individuelle du vivant est attachée à la permanence d'une forme (la forme humaine) dans un constant renouvellement de matière. Mais, à ce point, je n'ai pas encore les moyens de poser une identité personnelle.

Observons un caractère remarquable de l'identité du corps vivant : elle se conserve tout au long de sa vie pour autant que se conserve dynamiquement une certaine organisation vitale dans la continuité d'un flux d'éléments. Il faut à la fois la conservation d'une forme d'organisation et un flux d'éléments matériels successifs ; et c'est dans la relation d'une forme qui permane à une matière qui s'écoule, les deux n'étant pas de même ordre, que peut s'établir la continuité de l'être considéré. C'est la conservation du principe individuant qui assure la continuité du flux, mais, que ce flux en constant renouvellement cesse, et le principe meurt : le principe est individuant au prix de son renouvellement incessant. Concluons sur ce point dans les termes de Locke : l'identité d'un même homme consiste « uniquement en la participation à la même vie, entretenue par un flux de particules de matière qui se succèdent, vitalement unies au même corps organisé[4] ».

Est-ce la même personne qui tout en n'étant pas là est encore là ? Le raisonnement qui précède suggère que, si je dis : c'est la même personne, ce ne peut être parce que dans cette même personne permanerait une même réalité substantielle à laquelle on pourrait attribuer d'abord le prédicat *est là*, puis cet autre prédicat : *n'est pas là*. Le sens commun est spontanément substantialiste, mais un tel substantialisme n'est pas ici recevable. C'est pourquoi la solution la plus souvent retenue depuis Locke (et quelques autres) est d'attacher la personnalité à la conscience : est une personne tout être qui se sait une personne.

Est une personne tout être qui se sait une personne

La conscience ou le sentiment de soi est le ressort de l'identité personnelle. Est une personne tout « être pensant, intelligent, qui a raison et réflexion, et qui peut se regarder soi-même comme soi-même, comme la même chose qui pense en différents temps et lieux ; ce qu'il fait uniquement par la conscience qui est inséparable de la pensée…[5] ». La conscience accompagne toujours la pensée et c'est ce qui fait le Soi de chacun. La conscience a une double dimension : elle est perception de quelque chose du monde, mais cette perception n'aurait pas cours si elle ne percevait pas dans le même temps qu'elle perçoit.

■ 4. Locke, *Essai sur l'entendement humain*, II, 27, § 6. Nous citons dans la traduction de Jean-Michel Vienne, Paris, Vrin, 2001.
■ 5. *Ibid.*, § 9.

Cette définition est séduisante, mais elle se heurte à une difficulté manifeste. La conscience n'est pas une substance, elle est un acte. En ce sens, l'aperception n'est pas dissociable de la perception qu'elle accompagne, étant la condition de son actualité. Mais cette actualité confine l'identité de la personne à l'acte présent. Dans son acte présent de perception (le mot étant pris au sens large de toute activité de l'esprit), le sujet se sait une personne. Mais comment se sait-il la même personne qu'il était hier ? Comment se sait-il le même « en différents temps et lieux » ? Car l'identité personnelle ne peut être qu'une identité dans le temps. Ou, pour parler le langage de Kant, l'identité analytique de la conscience ne suffit pas à faire l'identité synthétique de la personne.

La réponse, c'est la mémoire. Mais cette réponse est-elle suffisante ? Citons Locke « Dans la mesure où un être intelligent peut reproduire l'idée de n'importe quelle action passée avec la même conscience qu'il en avait à l'époque et y ajouter la même conscience qu'il a de n'importe quelle action présente, dans cette mesure il est le même soi personnel. Car c'est par la conscience qu'il a de ses pensées et de ses actions présentes, qu'il est maintenant soi pour soi-même ; et ainsi il demeurera le même soi, dans la limite des actes passés et à venir que peut couvrir la même conscience[6] » (§ 10). Commentons. L'identité personnelle est liée à l'acte présent de la conscience. Mais, par la mémoire, l'esprit a la possibilité de reproduire une pensée ou une action passée, accompagnée de la conscience qu'il avait à l'époque, et d'une conscience qui peut être identifiée à la conscience présente. Fort bien, mais c'est manifestement supposer ce qui est en question. Descriptivement, le propos se comprend bien : le Soi (ou le Moi) qui se constitue au fil de la vie de la conscience est plus riche que ce que donne la conscience actuelle : mon identité personnelle, ce n'est pas seulement Je, présentement, mais c'est aussi toute mon histoire passée pour autant que je peux la raccorder à cet acte présent (car je ne laisse pas de dormir et d'oublier). À ce titre, la mémoire élargit le champ de l'identité personnelle, mais sans en être le véritable opérateur. Analytiquement, la réponse est insuffisante : comment la conscience passée reproduite peut-elle être la même que la conscience présente ? Pour que je sois mon histoire, il faut que chacun des moments de cette histoire ait été rapporté… au même Je. La question de la dimension synthétique de la conscience dans le temps reste entière ; et sans cette dimension l'identité personnelle est toujours un problème.

L'argument de la mémoire est insuffisant. Une première raison, a-t-on relevé, à cet échec de la doctrine lockienne tient à la conception que le philosophe anglais se fait de la conscience. La conscience est acte, dit-il, ce qu'on lui accordera ; mais il pense cet acte de la conscience comme occupant un présent instantané. Or rien dans la vie de la conscience ne supporte une telle conception. Locke commet une faute majeure dans la description psychologique[7] qu'il donne de la conscience. La conscience ne s'aperçoit pas

■ 6. Locke, *Essai sur l'entendement humain, op. cit.*, II, 27, § 10.
■ 7. Nous donnons ici au mot *psychologie* son sens large et traditionnel de science de l'âme ou science de l'esprit.

comment un événement mental distinct et séparé, enfermé dans un présent instantané, mais comme un moment du flux ininterrompu de conscience qu'elle est, comme une durée continue. En effet le présent retient toujours quelque chose du passé immédiat qui se termine en lui, et annonce en le déterminant le futur immédiat qui vient. À ce titre, l'instant n'est rien que la limite entre la mémoire immédiate encore vive de ce qui le précède et l'anticipation de ce qui le suit. Et dans l'expérience intime que j'ai de mon existence consciente, ce que je perçois, c'est sans doute telle perception, telle pensée, telle passion, etc., qui m'habite, mais cette perception porte le poids de tout un passé de savoirs, de souvenirs, d'habitudes, le poids de toute une existence antérieure qui vient s'exprimer activement dans ce qui occupe ma conscience à présent ; mais aussi qui annonce, anticipe oriente un futur qui déjà s'amorce. Et dans mon être présent agit encore et toujours tout mon moi passé, tout ce qu'on pourrait résumer sous le mot de *caractère*, avec ce que ce mot emporte de détermination, et s'annonce librement mon moi futur, cette *personnalité* mienne qui me reste à construire. Bref, Locke a le tort d'attacher la question de l'identité personnelle à l'activité de la conscience pensante et de ne retenir que la mémoire-souvenir au détriment de cette forme de mémoire plus fondamentale qui est inscrite dans la vie même de la conscience et de laquelle s'approche davantage la mémoire-habitude, la mémoire procédurale.

Et ne peut-on de là expliquer les absences de la vieille dame ? Elle n'est pas là, elle s'est absentée, elle est dans son monde intérieur fait de souvenirs, elle est devenue inattentive au présent. Certes, avec le progrès de la maladie, ce monde des souvenirs est rendu lui-même de plus en plus lacunaire, elle oublie beaucoup de son passé, le champ de son Soi se rétrécit. Néanmoins, la vieille dame est toujours présente à elle-même dans ce continuum temporel qu'elle est, elle reste cette mémoire-soi qui n'a plus le souvenir du Soi, mais qui ne laisse pas de s'investir encore dans ses perceptions présentes, si limitées qu'elles soient. Son attention au monde est réduite, mais elle ne saurait se départir de son attention première à elle-même. Cette absence d'elle-même qu'on lui impute tient à une conception formaliste de la conscience qui, peu ou prou, pense la conscience-soi (la conscience non-thétique de soi, chez Sartre) sur le modèle de la conscience réfléchie de soi. Ce formalisme place alors la conscience sous l'aporie du temps et rend impossible le sentiment de l'identité personnelle.

La mêmeté ne fait pas l'ipséité

Cet argument est avantageux, sinon flatteur, mais il prête le flanc à une objection qu'on peut formuler en ces termes : ce Soi en devenir, qui est à la fois mémoire et ouverture, ce Soi en flux qui capitalise le passé et s'ouvre à l'avenir, ce Soi que je suppose ne pas se disperser en un pur divers en lui attribuant une unité par continuité, est-il vrai qu'il fasse pour autant une identité personnelle, étant en perpétuel renouvellement ? De ce que je vis ma vie puis-je tirer le sentiment de mon identité ? Ne faut-il pas pour cela que je recueille mon passé comme étant *mien* et que j'anticipe mon avenir comme étant *mon* projet ? Dire : « je me construis dans mon identité au fil de mon histoire » suppose une chose : que cette histoire soit mienne. La conscience de mon identité ne semble pas faire partie des données immédiates de ma conscience. La mêmeté ne fait pas l'ipséité.

Mais complétons l'argument. Car l'on me dit souvent : « Continuez de parler à la vieille dame. Sans doute ne comprend-elle plus les mots que vous proférez, sans doute n'est-elle plus à même d'avoir une intelligence de votre discours, sans doute d'une façon générale ses capacités cognitives sont-elles atteintes et même ses facultés décisionnelles, mais elle est toujours sensible, elle vous entend, et elle ne peut être encore sensible au monde sans avoir un sentiment d'elle-même. Il faut rechercher dans la sensibilité le ressort d'une ipséité plus fondamentale. Si l'on commence par dissocier la forme de la conscience du contenu de la conscience, l'acte de la conscience du divers de la conscience, si l'on ne voit pas que la présence à soi est sensibilité et donc mémoire continue, alors on s'empêtre dans la question de la synthèse du temps et l'on ne peut rendre raison de l'identité personnelle. »

À pareil propos plusieurs objections de fait peuvent être opposées. D'abord, la maladie n'atteint pas moins la sensibilité que les facultés cognitives et décisionnelles, même si l'effet est relativement plus tardif. Ensuite, on trouve bien chez les patients des moments de lucidité dignes d'une conscience réflexive en acte, mais qui sont en même temps de véritables moments d'absence, car revenant en boucle de manière répétitive ils ne disent qu'une chose : la maladie. Enfin, la sensibilité étant à la couture de l'âme ou de l'esprit et du corps, comment comprendre certains comportements ou certaines paroles qui, loin de témoigner de l'union intime de l'âme et du corps, témoignent de leur séparation ? « Mon Dieu, mon Dieu, disait encore le monsieur distingué, mon Dieu, mais que j'ai mal ! Mon Dieu, dites-moi où j'ai mal[8] ». Bref, mon expérience apprésente une dimension de la réalité qui falsifie l'argument trop évident de la sensibilité.

Cet argument est au demeurant ambigu. Il est souvent avancé comme introduisant une forme de conscience de degré plus fondamental, sachant que la problématique reste la même : est une personne tout être qui se sait une personne. L'identité personnelle reste liée à la conscience, mais l'on passe d'une conscience de soi à une conscience-soi, d'une conscience qui est un acte de la pensée à une conscience-mémoire, réputée assez forte pour soutenir le principe d'une subjectivité permanant dans le temps. De la sorte, on demeure dans le contexte d'une psychologie (ou d'une phénoménologie) fondée sur l'introspection (j'ai une telle conscience sensible de moi-même) et sur une généralisation immédiate (je ne puis m'accorder une telle conscience sensible sans la prêter à la vieille dame). Cependant, naïvement ou beaucoup moins naïvement, la chose recherchée étant celle d'un support qui se conserverait dans les intermittences de la conscience (dans les absences de la vieille dame), on glisse sous la description psychologique un principe de nature ontologique, qu'on le nomme sensibilité, chair ou schéma corporel ou principe vital. Il est

8. Nous nous permettons de renvoyer à la chronique qui est incluse dans notre ouvrage, *Alzheimer, la vie, la mort, la reconnaissance*, Paris, Vrin, 2015.

vrai que ce passage plus ou moins avoué d'une psychologie de la conscience à une ontologie de l'esprit peut paraître légitime puisque ce que l'on vise, c'est la charnière entre l'esprit et le corps, c'est-à-dire l'unité première de l'être humain.

Peut-on fonder sur l'unité première de l'esprit (de la conscience) et du corps l'identité de la personne ? Si on le peut, alors l'avantage est important : en effet, en ontologisant mon point de vue, je suis à même d'approcher le cas de la vieille dame non plus *a parte subjectiva* mais *a parte objectiva*, ce qui convient bien à la présente situation où je ne peux plus entrer dans son esprit mais seulement la considérer dans son comportement corporel qui est objectivable. Or, remarquablement, la même tension que celle qui est entre une conscience au présent et une conscience-mémoire dans le temps, se retrouve ici.

En effet, pour lever l'ambiguïté relevée ci-dessus, pour réussir à ontologiser mon approche en éliminant les restes d'une problématique de la conscience pensante, il me faut éliminer ce qui constitue l'essence même de la conscience, à savoir l'intentionnalité. Car si dans ma quête du fondement de l'identité de la personne, je me détourne du sujet, par là-même je me détourne de son corrélat intentionnel, l'objet ; en un mot, j'abolis la distinction du sujet et de l'objet et n'ai plus affaire qu'à des data.

Pour rendre évidente cette conséquence, il suffit de répéter l'argument que Hume développe directement contre Malebranche et indirectement contre Locke dans le *Traité de la nature humaine*[9]. L'argument est simple : 1) nous n'avons aucun sentiment de notre Moi (self) qui subsisterait de manière continue, indépendamment des perceptions qui l'occupent ; et si d'aventure nous avons une idée de notre identité personnelle, cette idée ne saurait être fondée sur une telle impression. 2) Toutes nos perceptions sont différentes les unes des autres ; on peut les dire conscientes, mais il y a alors autant de consciences qu'il y a de perceptions. 3) Elles se succèdent les unes les autres et sont prises dans un flux permanent. 4) C'est donc un problème, (un problème qui s'avérera insoluble), que de savoir ce qui fait que ces perceptions successives, ces data, ces *existences périssables*, dit Hume, se fondent dans un Moi identique, réputé jouir d'une existence invariable et ininterrompue.

Comment rendre compte du sentiment de l'identité personnelle ?

Laissons de côté la réponse naturaliste que Hume apporte dans le *Traité* à cette question, réponse si aventureuse que Hume n'en fera plus mention par la suite. Le propos humien est bien ontologique comme le prouve le fait que la problématique développée dans le *Traité* est exactement la même qu'il s'agisse de l'existence des corps dans le monde extérieur, existence réputée continue et invariable, ou de l'existence distincte et continue de la personne, réputée elle aussi continue et invariable. Ce qui se comprend bien puisque, dans tout le raisonnement du philosophe écossais, la perception et l'objet ne

■ 9. Hume, *Traité de la nature humaine*, I, IV, 6, § 1 *sq.*

font qu'un. Le rapport intentionnel par lequel il y a pour un sujet un objet, est effacé. Dès lors, comment, sur la base d'une telle « confusion », peut-on encore rendre compte du sentiment de l'identité personnelle qui serait celui de tout être humain ?

Il est à remarquer que dans ce raisonnement passe au premier plan une ontologie du temps. Pour individuer un être ou une perception (puisque c'est tout un), quel qu'il soit, sujet ou objet, autrement que par sa seule identité numérique en tel point de l'espace et du temps, il faut que je puisse dire qu'il demeure le même en deux (ou plusieurs) instants du temps ; or je n'ai pas une perception du temps qui soit distincte et séparée de ce qui est dans le temps (si je puis en avoir une idée distincte) ; pour que j'aie une perception du temps comme succession, il faut donc que me soient données deux (ou plusieurs) existences séparables et distinctes car différentes ; et donc je ne puis pas dire que quelque chose, la même chose unique, dure dans ces deux instants différents du temps. Bref, on ne peut réconcilier et l'idée de durée et l'idée de succession, ni l'idée de l'unité (de l'identité numérique) et l'idée de l'identité (de la mêmeté) ; il faut que l'un des deux termes soit une fiction de l'imagination.

Cette problématique du temps repose sur un principe que Hume ne cesse de rappeler : nos perceptions particulières (ou perceptions-objets) « sont toutes différentes, discernables et séparables les unes des autres ; elles peuvent être considérées séparément et exister séparément ; elles n'ont besoin de rien pour supporter leur existence [10] ». Elles sont donc comme autant d'atomes, subsistant en soi, et la question est de savoir comment ces atomes s'associent pour former des objets (et éventuellement pour former cette sorte particulière d'objets que sont les sujets) uns et identiques. Les propriétés que j'observe de la vieille dame ne font qu'un avec les perceptions que j'ai d'elle. En toute rigueur, je ne devrais pas dire : elle, car il n'est aucun substrat qui permane dans le temps, qui dure dans la succession. Une suite d'atomes (de perceptions-objets) se succèdent, sans aucune liaison temporelle autre que cette pure succession d'un divers. S'il est vrai qu'ils sont contigus dans le temps, ils n'ont point de ressemblance et on ne voit guère quel lien de causalité pourrait être établi entre eux. Comment alors puis-je dire que, moi sujet un et identique, j'ai devant moi un objet un et identique, la vieille dame précisément, qui a la propriété d'être elle-même un sujet un et identique ? Et qu'on n'objecte pas qu'il faut distinguer entre ce qu'il en est de ma perception (subjective) et de la vieille dame (réalité objective) ; ce serait de nouveau commencer par se donner un sujet un et identique et un objet un et identique, ce qui est précisément en question. La réfutation de cet argument sceptique, rendu extrême par sa simplicité, passe par la dénonciation du principe atomistique qui le sous-tend ; dénonciation qui est sur le plan ontologique l'analogue de la critique adressée à Locke sur le plan psychologique. L'atome ontologique est comme la conscience instantanée. Symétriquement, le flux temporel pensé comme durée, comme mémoire, sera l'analogue de la conscience mémoire.

■ ▨ 10. Hume, *Traité de la nature humaine*, I, 4, 6, § 3.

Il est intéressant d'observer, lorsqu'on passe chez Bergson, de l'*Essai sur les données immédiates de la conscience* à *Matière et mémoire*, le même glissement, à propos de la durée, du plan psychologique au plan ontologique dont nous parlons, l'objet du premier ouvrage étant de comprendre la possibilité de la liberté humaine dans un monde causalement déterminé, et celui du second d'approcher la relation du corps à l'esprit.

Or il est remarquable que dans ce second ouvrage, ayant à traiter la question ontologique de la relation du corps à l'esprit, Bergson commence par répéter la confusion à laquelle Hume se livrait en invoquant le sens commun : « Pour le sens commun, l'objet existe en lui-même et, d'autre part, l'objet est en lui-même, pittoresque comme nous l'apercevons : c'est une image [ce que Hume appelle une perception], mais une image qui existe en soi[11] », le corps propre étant lui-même une image parmi les autres images qui constituent le monde et une image qui est apte à sélectionner d'autres images selon les besoins de son action, ce qui n'est rien moins que l'irruption de la contingence dans la nécessité, de l'indétermination dans la détermination, de la temporalité naissante de la perception dans l'espace matériel qui s'ouvre à elle[12]. La naissance de la conscience comme représentation naît du retard que le corps propre prend sur son environnement spatial puisqu'il lui faut le temps de réagir aux influences qui s'exercent sur lui et puisqu'ainsi il se dégage de la matière homogène du monde. Laissons ici cette genèse de la conscience à partir du corps propre qui est compris comme action, pour retenir ici que Bergson part comme Hume de « la perception pure », considérée sans intervention de la mémoire, mais, dit-il, « une perception qui existe en droit plutôt qu'en fait » et qui serait celle d'un vivant absorbé dans le présent, dans l'instant[13]. Ce qui revient à dire qu'une telle perception pure est une abstraction ou une limite comme peut l'être l'instant relativement à la durée. Abstraction, car de fait, toute perception est déjà nourrie de mémoire, toute action actualise une dynamique complexe du souvenir. Mais l'idée opposée d'une mémoire pure serait aussi une abstraction. La perception présente est action et porte au mouvement, mais « est-ce la perception qui détermine mécaniquement l'apparition des souvenirs, sont-ce les souvenirs qui se portent spontanément au-devant de la perception[14] ? ». La réponse à donner ne concerne pas ici ce qui serait le jeu psychologique de facultés séparées, mais bien le sens ontologique à conférer à la durée. Et la réponse est celle-ci : le souvenir investit la perception (on ne l'en sépare que par abstraction) ; c'est en elle qu'il devient actuel tout en lui communiquant ses ressources ; c'est sous sa poussée mémorielle qu'elle peut se changer en une action, et en une action libre dans le monde. La mémoire est donc première, mais en tant que durée, une durée concentrée qui travaille le présent, le bouscule en quelque sorte, l'intensifie dans l'attention, et donne son ouverture

Le souvenir investit la perception

11. Bergson, *Matière et mémoire*, Paris, P.U.F., 1959, p. 2.
12. *Ibid.*, p. 29.
13. *Ibid.*, p. 31.
14. *Ibid.*, p. 108.

à la liberté humaine dans le monde. Très précisément tout le contraire d'un atome. Le temps est comme le rythme de la mémoire qui, laissée dans sa dimension pure serait impuissante, mais qui fait œuvre dans le présent du corps agissant dans la matière du monde. Tel est le fond ontologique d'où se produit la séparation de la durée et de l'espace, d'où s'amorce la distinction dans l'action, et d'abord dans l'action corporelle, de la conscience et de la liberté humaine d'une part et du monde matériel d'autre part ; et, ajoutons, d'où peut se constituer la personne humaine dans son unité et son identité.

Que retirer de l'ontologie pour ce qui nous occupe ? Il est clair que, si l'ontologie de la perception-objet, telle que Hume la représente, contredit, comme il le déclare lui-même, l'existence du sentiment d'un Moi un et identique, distinct de la suite des perceptions dans le temps, et pouvant se présenter comme leur sujet d'inhérence ou leur principe de liaison – il est clair que ce qui vaut pour moi quand j'essaie de découvrir en moi un pareil sentiment, vaut a fortiori pour la vieille dame dont j'observe le comportement. Je ne puis la considérer comme une personne, si l'on entend par là un principe qui se conserverait dans la suite des perceptions que j'ai d'elle. En vérité, c'est la notion même d'identité personnelle qui est rendue problématique. Est-ce une personne une et identique, est-ce le même sujet ? Je ne puis en décider. Qui plus est, je ne peux même pas l'envisager comme l'addition de ces perceptions successives, et donc comme un moi composé ou, si l'on veut, comme un moi-histoire, puisque ces perceptions successives (dans cet épisode) ne concordent pas.

Si, à présent, je raisonne dans les termes bergsoniens de l'ontologie de la mémoire, je peux reprendre cette succession comme les moments d'une durée, à la fois une et variée, à la fois homogène (dans la durée) et hétérogène (dans la succession et la variété des qualités), et qui se contracte dans le présent dynamique et actif d'une subjectivité se formant une et identique. Acceptons que l'aporie humienne du temps soit ainsi levée. Acceptons même que puisse se forger ainsi la personne humaine et qu'on n'ait plus à poser comme condition de l'identité personnelle que le sujet se sache lui-même en tant que lui-même, cela ne permet pas de résoudre l'épisode de la vieille dame. En effet, cette contraction de la durée dans le présent de l'action et au minimum dans l'expression de soi, cette concentration de la mémoire dans la conscience en acte, fait défaut : la vieille dame est inexpressive, muette et immobile. Ce qui lui manque, c'est l'action, et même ce minimum qu'est l'expression. Leibniz faisait de l'expression la caractéristique ontologique de la monade spirituelle, sachant que l'esprit s'exprime dans le monde, notamment par son action, qu'il s'exprime lui-même et qu'il s'exprime auprès d'autrui. C'est cela qui fait défaut lorsque je dis que la vieille dame n'est pas là. Non seulement il s'avère difficile de lui prêter un monde, même intérieur, car si elle perd le souvenir, que lui reste-t-il de perception ? Mais encore je ne puis lui prêter une mémoire-durée : en même temps que le passé, elle perd le présent. Et elle n'a plus de relation avec autrui. Que puis-je dire d'elle ? Ceci : elle dure. Mais c'est comme si l'ontologie bergsonienne était désamorcée et que l'on revenait à l'ontologie humienne : j'ai affaire à un être qui dure dans un présent hors le temps ; et sans le temps, je ne puis lui conférer une identité personnelle. Phénoménologiquement, je dirai que le présent de conscience de cette dame n'est qu'un présent, tel un atome invariable et indestructible, qu'il n'est pas ce passé qui s'écraserait en lui dans la manifestation de soi, dans l'action libre. Ontologiquement parlant, je dirai que cette puissance qu'est la mémoire a perdu au moins dans cet être son élan créateur et que cet être est devenu matière.

Cette conclusion peut paraître trop violente ; et elle est certainement trop violente. Mais la réalité est ce qu'elle est. Entrez dans un établissement pour personnes désorientées, quand, dans ces moments d'atonie, les résidents sont assemblés dans l'espace commun, immobiles, silencieux, dispersés comme des îles au milieu de la mer ; sans que rien ne se passe : ni geste ni parole ; sans mémoire, sans un monde intérieur que l'on pourrait soupçonner, car la mémoire ferait naître une lueur dans le regard, elle animerait une respiration, elle susciterait une amorce de geste. Non, rien, ce sont des ombres, ils durent dans l'instant qui dure ; la durée chère à Bergson s'est décomposée.

Mais on ne peut en rester là. Car, c'est insupportable. Et je n'ai pas le temps d'attendre que la philosophie m'apporte sa réponse. J'ai une affaire plus urgente : quand la vieille dame est là et n'est pas là, comment dois-je me comporter ? Dois-je prendre mon parti de l'absence où elle s'est perdue et chercher quelque prétexte pour m'échapper ? Ce qui serait un acte de lâcheté. Ou, fermant les yeux, dois-je ignorer son présent état et me raccrocher au moment précédent où elle était présente ? Mais c'est alors faire comme si, n'étant pas là, elle était pourtant là. Comme si, puisque je la sais absente.

Assurément, je ne me suis pas enfui et, dans l'impossibilité de déterminer si elle était encore la même qu'elle-même, et donc une personne, je m'en suis tenu à mon devoir qui est celui de considérer tout être humain comme une personne, comme une fin en soi et donc comme un être moral. Mais cette réponse morale, adoptée faute de mieux, n'est pas satisfaisante. En effet, pour faire un être moral, il faut que je place dans l'être humain plus que la nature d'un vivant relevant de l'espèce humaine, il faut que je lui accorde conscience et rationalité, et donc une identité personnelle. Ce qui précisément semble faire défaut à la vieille dame, dans l'état d'absence où elle se trouve. De sorte que, en la traitant comme une fin en soi, c'est-à-dire, en l'occurrence, en essayant de poursuivre avec elle la conversation engagée, je puis bien dire que je me comporte moralement, mais sans pouvoir me cacher que je fais semblant, que je fais comme si elle était là alors que je sais pertinemment qu'elle n'est pas là. Hypocrite ! À moins que je ne change mon action – qui suit de l'obligation morale qui est mienne – en un *soin*, ce soin extrême de la ramener de l'absence à la présence. Une action fort difficile car je n'ai d'autre moyen que la parole et le geste, car mon effort est quasi aveugle, car le résultat est rien moins que certain. Et si vous me dites que, dans cette entreprise, je ne laisse pas de la tenir pour une personne, une personne qu'il faut simplement ramener à la présence, une personne qui était perdue et que je retrouve, je vous répondrai que mon entreprise est beaucoup plus ambitieuse, car mon point n'est pas spéculatif : est-elle une personne ?, mais pratique : comment la sortir de l'absence ? Comment en faire de nouveau une personne ? Cette question n'est pas philosophique, quoiqu'elle soit un embarras pour la philosophie.

Michel Malherbe
Université de Nantes

DOSSIER

La mémoire

MÉMOIRE CONSTRUCTIVE, IMAGINATION ET VOYAGE MENTAL DANS LE TEMPS

Loraine Gérardin-Laverge

Au sujet de la mémoire on a couramment deux présupposés. En parlant de la mémoire, on semble la considérer comme une faculté unifiée. Et on a l'habitude de la penser comme une faculté conservatrice. C'est pourtant une image bien différente qui émerge de la recherche contemporaine. Dans ce texte, nous proposons une histoire de l'émergence de l'hypothèse d'une dimension constructive de la mémoire épisodique, en dégageant trois dimensions de la construction : une dimension culturelle, une dimension intersubjective, et une dimension individuelle. Le souvenir se (re)construit à l'intérieur et en fonction de cadres culturels, de relations à autrui, et de projections dans le temps.

> J'ai fait une centaine de fois le voyage de Paris à Brest. Toutes ces images se recouvrent, forment une masse indistincte, à proprement parler un même état vague. Dans le nombre, les voyages liés à quelque événement important, heureux ou malheureux, m'apparaissent seuls comme des souvenirs : ceux-là seuls qui éveillent des états de conscience secondaires sont localisés dans le temps, sont reconnus [1].

C omme Ribot, j'ai fait une centaine de fois le même voyage, de Lyon à Paris. Toutes ces images forment aussi une masse indistincte que je peux résumer sous une même catégorie. Quand je pense aux voyages de Lyon à Paris, ce ne sont pas des souvenirs précis qui me reviennent, ni la somme de plusieurs souvenirs, mais plutôt un souvenir typique. J'ai pourtant quelques souvenirs particuliers et saillants. Il y en a un qui est particulièrement marquant : le vol de mon sac à dos sur le quai de la gare, ma course perdue, et ma montée dans le train essoufflée et bredouille. *Je m'en souviens comme si c'était*

1. T. Ribot, *Les Maladies de la Mémoire*, Paris, L'Harmattan, 2005 [1881], p. 43.

hier, ce souvenir est plein de détails, il est chargé émotionnellement. Mais ce qui est curieux c'est que dans cette séquence d'images que je crois si authentique, quand je me vois courir, je vois mon corps en entier, comme de l'extérieur, comme si j'avais été perchée sur un toit un peu plus loin, et que je m'étais vue comme au cinéma. C'est ce qu'on appelle un souvenir de l'observateur[2], et je n'ai pas pu vivre cette scène sous cette forme, je n'ai pu me voir du dehors. Si j'ai un souvenir de l'observateur, c'est signe que mon image mentale s'est construite pour me faire apparaître dans le cadre, sinon, j'aurais un souvenir du champ, c'est-à-dire d'une scène qui pourrait correspondre à mon champ visuel à ce moment-là et ne saurait faire apparaître mon corps en entier.

La mémoire est une capacité qui permet de conserver des informations (stimuli sensoriels particuliers, gestes, propositions verbales, séquences gestuelles, récits, relations entre des contenus, par exemple, rétention d'une suite stimulus-réponse) et de les restituer (images, sons, gestes, mots), malgré un écart temporel entre l'enregistrement et la restitution. Nous utiliserons le terme de mémoire ici pour faire référence à une mémoire déclarative, celle qui est susceptible de faire l'objet d'un rapport verbal[3]. Mais comment penser la mémoire ? Peut-on la penser selon un modèle rétentionnel, comme une faculté qui conserve ses contenus tels quels et qui garderait des souvenirs d'épisodes du passé dans un état constant malgré le passage du temps ? Comment cela serait-il possible ? La conservation semble régulièrement altérer son contenu, les couleurs des tableaux s'abiment, le vin et même certains thés se bonifient dans les caves. Le temps ne laisse pas indemne les objets conservés.

Qu'en est-il pour la mémoire ? Est-ce que la conservation mémorielle altère ses contenus, et échoue à les garder dans leur forme originelle ? Ou est-ce qu'il faut penser différemment ce phénomène de transformation des contenus mémoriels que supposent les souvenirs de l'observateur, par exemple ? Nous dresserons une histoire de l'hypothèse d'une dimension constructive de la mémoire des souvenirs dans la psychologie afin de former un concept clair de construction mémorielle. Nous soutiendrons que la mémoire déclarative et en particulier la mémoire épisodique ont une dimension constructive qui n'est pas à considérer comme une faiblesse contingente et dommageable. Nous tenterons de saisir les enjeux épistémiques d'une telle conception de la mémoire personnelle : si elle est constructive alors elle ne nous donne pas accès à la vérité de notre passé. Elle invite à repenser les normes de la connaissance, et à favoriser la fiabilité à la certitude. En ce sens nous proposerons que, malgré nos efforts, nous ne trouvons pas de différence de nature dans la connaissance qu'on peut avoir de notre passé et celle qu'on peut avoir de notre futur. Nous distinguerons entre les contenus de la connaissance et notre relation à la connaissance, et montrerons que l'un n'est pas pensable sans l'autre. On sera amenés à adapter

2. G. Nigro, U. Neisser, "Point of view in personal memories", *Cognitive Psychology*, 15(4), 1983, p. 467-482..

3. Entrent dans la mémoire déclarative différents types de contenus mentaux qu'on peut classer dans deux types de mémoire, je reviendrai sur la distinction entre mémoire sémantique et mémoire épisodique qu'a proposée Tulving en 1972.

conséquemment nos réponses à la question épistémique de l'identité personnelle. Nous défendrons donc que la mémoire et la simulation du futur sont des outils de la connaissance de soi, non pas comme objet, mais comme sujet.

Mémoire et simulation du futur sont des outils de la connaissance de soi

Nous présenterons dans une première partie les débuts de la psychologie expérimentale de la mémoire qui mettent en avant la dimension sélective de la mémoire déclarative. On soutiendra alors qu'elle est constructive de deux manières : par sélection en ce sens qu'elle ne garde pas tout mais souvent seulement des parties, et par subsomption en ce sens qu'elle forme des souvenirs typiques à partir d'expériences particulières ressemblantes. Mes souvenirs de voyages en train en sont un exemple. Quand on pense une mémoire constructive au sens de mémoire subsomptive, l'hypothèse fonctionnelle correspondante est que la mémoire a pour rôle de former des images typiques facilement accessibles plutôt que de tout retenir.

Dans l'exemple du souvenir de l'observateur donné plus haut, on dirait que je n'ai pas seulement sélectionné mais que j'ai reconstruit en un autre sens : j'ai reconfiguré la scène, j'ai modifié des éléments, ce sera l'objet d'une seconde partie. À partir de données issues de la psychologie du début du XXe siècle, qui s'intéressent aux cadres culturels de la remémoration, on gagnera un nouveau sens du concept de construction à propos de la mémoire déclarative. Si elle est constructive c'est au sens d'une reconfiguration, voire d'une interprétation, ayant pour fonction de s'adapter aux contextes dans lesquels elle est formée et mobilisée.

Après avoir traité de la mémoire déclarative en général, nous nous concentrerons sur la dimension constructive de la mémoire épisodique (pensée comme la mémoire des souvenirs personnels). Nous montrerons que dans la psychologie contemporaine, la mémoire épisodique est pensée comme constructive en ce qu'elle est simulationnelle, elle se recombine en fonction de l'imagination du futur. Sa dimension constructive n'est pas pensée comme un phénomène dysfonctionnel, au contraire, une hypothèse fonctionnelle est que cette construction mémorielle a pour rôle de préparer au futur. Une autre hypothèse est qu'elle a pour rôle d'établir une mise en cohérence des épisodes de vie hétérogènes d'un individu. Nous traiterons de cela dans une troisième partie.

Nous proposerons dans une quatrième partie que la mémoire épisodique est une forme de mémoire qui relie les individus à leur milieu, à leur histoire et à leurs projections, grâce à sa dimension constructive. Nous défendrons qu'elle appartient à une capacité plus large de voyager mentalement dans le temps, qui est au cœur du rapport à soi-même. Nous essaierons donc de défendre une théorie continuiste de la mémoire épisodique en rejetant notamment la théorie causale du souvenir, et présenterons les conséquences épistémiques d'une telle position.

Mémoire déclarative, construction et sélection

Dans la psychologie de la fin du XIXe siècle naît une réflexion sur les fonctions de la mémoire. Et les questions qui sont les nôtres aujourd'hui se posent alors. L'oubli est-il dysfonctionnel ? De quoi dépend la mémorisation ? Et comment fonctionne la mémoire ? A partir de l'étude des maladies de la mémoire, le philosophe et psychologue Théodule Ribot veut montrer que l'amnésie suit certaines règles : sa progression va toujours « du plus nouveau au plus ancien, du plus complexe au plus simple, du volontaire à l'automatique, du moins organisé au mieux organisé[4] ». Il différencie également la mémoire en différentes capacités atteintes sélectivement, par exemple la mémoire biologique des savoir-faire et la mémoire consciente des savoirs, qui ne sont pas nécessairement affectées ensemble, laissant ainsi supposer qu'elles dépendent de processus distincts, et révélant qu'elles sont deux capacités dissociées. Ebbinghaus, qui est considéré comme un fondateur de la psychologie expérimentale, s'intéresse à la rétention de listes. À partir de 1885, il fait des recherches sur la rétention des syllabes, et forme des listes de syllabes fabriquées sur le mode CVC (Consonne Voyelle Consonne[5]), montrant la difficulté à rappeler plus de sept items après une seule lecture.

Daniel Schacter, dans *À la recherche de la mémoire*, invite ses lecteur-ices à faire l'expérience de la rétention de liste.

Il y a de bonnes chances que vous fassiez vous-mêmes l'expérience d'une telle distorsion de la mémoire en faisant soigneusement attention à la série de mots suivants : candi, aigre, sucre, amer, bon, goût, dent, délicat, miel, soda, chocolat, cœur, gâteau, manger et tarte. Maintenant détournez-vous de la page et prenez une minute pour écrire tous les mots de cette liste dont vous pouvez vous souvenir. Maintenant, faites le test suivant. Considérez les trois mots en italique à la fin de cette phrase et, sans regarder le paragraphe précédent, essayez de vous souvenir s'ils sont apparus dans la liste que je viens juste de vous présenter : goût, point, bonbon. Réfléchissez attentivement à vos réponses, décidez si vous vous souvenez vraiment avoir vu chaque mot dans la liste, et évaluez la confiance que vous avez en votre mémoire. (...) J'ai réalisé des démonstrations auprès d'auditoires de près d'un millier de personnes et j'ai réussi à induire 80 à 90 % d'entre elles à déclarer de façon erronée que j'avais lu à haute voix le mot bonbon une minute avant[6].

Si on croit reconnaître *bonbon*, c'est parce qu'il est sémantiquement relié à la série de mots présentée. Ce phénomène de fausse reconnaissance implique donc la rétention de l'idée de la famille sémantique à laquelle appartiennent les mots de la liste. Schacter remarque d'ailleurs que les patients amnésiques sur lesquels il a effectué ce test ont présenté de nombreuses difficultés à se souvenir de mots de la liste, pour le premier exercice. Cependant, ils ont été beaucoup moins nombreux à croire reconnaître *bonbon*, et on peut imaginer

■ 4. Ribot, *Les Maladies de la Mémoire, op. cit.*
■ 5. H. Ebbinghaus, *Memory : a contribution to experimental psychology*, New York, Dover, 1885.
■ 6. D. Schacter, *À la recherche de la mémoire : le passé, l'esprit et le cerveau*, Paris-Bruxelles, De Boeck Université, trad. fr. B. Desgranges et F. Eustache, 1999 [1996], p. 128.

que c'est parce qu'ils n'encodent pas normalement et ne peuvent reconnaître la famille sémantique à laquelle les mots de la liste appartiennent (choses sucrées) [7].

Dans le cas de la fausse reconnaissance, on croit reconnaître alors que l'on associe. Mais est-ce une défaillance de la mémoire ? Si on dit cela c'est qu'on présuppose que la mémoire doit être rétention « fidèle » d'informations. Vous avez peut-être cru reconnaître *bonbon*, mais vous n'avez certainement pas fait erreur sur *point*. C'est donc que l'idée générale de la série ne vous a pas échappée. C'est donc que vous en avez compris le sens, et que votre mémoire l'a retenue, en ce sens, on ne peut la dire défaillante car on raterait quelque chose dans sa description. Il semble plus approprié ici de la dire sélective, puisque si elle ne retient pas tout, elle ne retient pas n'importe quoi. Elle ne retiendrait pas tout mais aurait des stratégies complémentaires pour retenir des informations nécessaires [8]. Ainsi, la mémoire aurait pour fonction de retenir des détails jusqu'à un certain point à partir duquel elle s'attacherait à retenir des familiarités, en cela on pourrait la définir comme subsomptive. C'est-à-dire qu'elle fonctionnerait parfois par subsomption du particulier sous le général. Si la rétention fonctionne régulièrement par subsomption au-delà de sept items, elle peut être facilitée par la signification [9]. S'il est possible de retenir un sens général d'une liste mais difficile d'en retenir de nombreux éléments successifs, il existe des techniques de mémorisation, nommées mnémotechniques. Le palais mental de Sherlock Holmes en est un cas célèbre. Les mnémotechniques visent d'ailleurs à donner du sens à des listes, en les localisant, en les personnifiant, etc. Les mémoires peuvent donc améliorer leur rétention par des techniques de mémorisation qui ajoutent de la signification aux contenus conservés [10].

Les mnémotechniques ajoutent de la signification aux contenus conservés

Mémoire déclarative, construction et invention

L'importance de la signification dans la rétention nous met sur la voie de la dimension narrative de la mémoire. Se souvenir en mémoire déclarative, c'est souvent (se) raconter une histoire. Et pour éclairer ce point nous allons présenter les travaux de Frederick Charles Bartlett sur la mémorisation de mythes. Bartlett est un psychologue britannique qui est considéré comme un précurseur de la psychologie cognitive. Si Bartlett a travaillé aussi sur la mémoire du corps et des gestes, ses travaux sur la mémoire déclarative et sur le souvenir sont uniques à son époque, où la psychologie behavioriste s'intéresse surtout à l'apprentissage moteur, et aux réponses motrices à des

■ 7. *Ibid.*
■ 8. Bergson dira du cerveau en général qu'il « est un organe de choix », c'est-à-dire qu'une de ses fonctions est de « sélectionner ». H. Bergson, *L'Energie spirituelle. Textes de conférences, textes et conférences publiés entre 1901 et 1913*, Paris, P.U.F., 1967, [1919], p. 11.
■ 9. H. Ebbinghaus, *Memory : a contribution to experimental psychology, op. cit.*
■ 10. F. Yates, *L'Art de la mémoire*, trad. fr. D. Arasse, Gallimard, 1987 [1966].

stimuli. Bartlett mène une expérimentation selon la « Méthode de reproduction répétée », au cours de laquelle il fait lire à vingt de ses étudiants *La guerre des fantômes* (*War of the Ghosts*) [11], un conte traditionnel nord-américain dans sa traduction par Franz Boas, puis leur demande de le reproduire en plusieurs moments ultérieurs. La première reproduction du sujet *H* a lieu vingt heures plus tard. Bartlett remarque que son récit est plus court, que son style est plus moderne – presque « journalistique », note-t-il –, des éléments ont été omis, et d'autres transformés. Par exemple, « canoë » est devenu « bateau », « la chasse aux phoques » s'est changée en « pêche », « Egulac » devient « Edulac », « Kalama » devient « Kaloma ». La seconde reproduction de *H* a lieu huit jours plus tard. Les particularités du premier récit semblent s'être amplifiées et fixées. Le récit est encore plus court mais il est aussi plus cohérent. « Kaloma » a disparu, « les flèches » ont aussi disparu [12]. Les récits des étudiants sont toujours modifiés, les noms sont régulièrement changés, et les transpositions dans un vocabulaire plus familier pour des étudiants anglais, comme celle de « canoë » à « bateau » par exemple, ont de nombreuses occurrences. Ces expériences de reproduction d'histoires et de dessins mènent Bartlett à formuler une définition de la mémoire comme reconstruction. Il écrit : « La remémoration n'est pas la ré-excitation de traces innombrables fragmentaires et sans vie. C'est une reconstruction inventive ou une construction fondée sur notre attitude à l'égard d'une masse entière active de réactions ou d'expériences passées organisées et d'un petit détail saillant qui apparaît souvent sous la forme d'une image ou d'un mot [13] ».

La construction mémorielle semble dépendre aussi d'un arrière-plan du sujet, et notamment de cadres culturels. Encore une fois elle n'est pas aléatoire, c'est ce que montrent les erreurs communes aux différents récits des étudiants de Bartlett. Ses étudiants semblent transposer l'histoire dans leur vocabulaire, dans leur culture : c'est au moins une manière d'expliquer les transformations fréquentes de « canoë » en « bateau » ou de « chasse aux phoques » en « pêche » par exemple. Pour décrire encore cet arrière-plan du sujet qui semble

> **La construction mémorielle dépend du cadre culturel**

déterminer le souvenir, on pourrait s'intéresser à une autre histoire de fantômes : *Ghosts*, l'expérience de Sophie Calle au Museum Of Modern Art en 1991. Sophie Calle choisit des œuvres de la collection permanente du musée, et les décroche des murs. Elle demande à des membres du

■ 11. F. Boas, *Indian Myths & Legends from the North Pacific Coast of America: A Translation of Franz Boas' 1895 Edition of Indianische Sagen von der Nord-Pacifischen Kuste Amerikas*, D. Kennedy et R. Bouchard (eds), trad. fr. D. Bertz, 1895.

■ 12. F. C. Bartlett, *Remembering : A study in experimental psychology*, Cambridge, Cambridge University Press, 1932, p. 67.

■ 13. *Ibid.*, p. 213 : « Remembering is not the re-excitation of innumerable fixed, lifeless and fragmentary traces. It is an imaginative reconstruction or construction, built out of the relation of our attitude towards a whole active mass of organised past reactions or experience [i.e., schemata], and to a little outstanding detail which commonly appears in image or in language form. »

personnel de se rappeler les tableaux. Pour *L'assassin menacé* de Magritte, cela donne ces quatre récits :

1. Il y a beaucoup de chair rose, de sang rouge, d'individus en noir. L'arrière-plan est bleu avec du fer forgé français sur le balcon, la chambre est beige, mais la seule couleur frappante est celle du rouge sang qui ressemble à du ketchup.

2. C'est un tableau avec une surface lisse, facile à entretenir. Il mesure approximativement cinq pieds de haut sur sept pieds de long. Il est encadré avec une moulure teintée au brou de noix, sombre, plutôt laide et austère. Je ne l'ai jamais aimé. (…)

3. Il donne l'impression d'un film noir ou d'un roman à suspens. C'est un puzzle. Vous disposez de tous ces petits indices qui ne vous conduiront probablement nulle part ; des hommes habillés d'un pardessus sombre et coiffés d'un chapeau melon noir, à la façon dont Albert Finney était habillé dans *Le crime de l'Orient-Express*, se trouvent dans une pièce en compagnie d'un cadavre. Au centre, celui qui semble être l'assassin soulève l'aiguille du phonographe. Deux individus étranges sont cachés sur le côté. Il y a un visage qui regarde depuis le balcon un peu comme un soleil à l'horizon. Et quand vous la regardez attentivement vous réalisez que la serviette cache probablement une tête décapitée.

4. Je pense que c'est juste une scène de meurtre. Des hommes en costumes sombres, une femme blême et des taches de sang rouge. C'est tout ce dont je me souviens [14].

Comme le proposait Chomsky dans sa réponse à Skinner [15] au sujet du langage, les réponses verbales dépendent d'un arrière-plan du sujet, des histoires des personnes, de leurs intentions, de leurs croyances, etc. Il semble qu'il en va de même pour les souvenirs. Nous ne tenterons pas d'attribuer les quatre récits à des métiers, mais il semble évident que les sujets n'ont pas la même histoire et que leur souvenir du tableau dépend en partie de ce qui les y intéressait. L'encodage mémoriel et le rappel des souvenirs semblent donc dépendre de l'histoire des personnes. La mémoire déclarative apparaît ainsi comme une capacité constructive, inventive et interprétative. Ses contenus se modifient au fil des remémorations.

Notons d'ailleurs que le rapport verbal n'est pas la seule forme possible de rappel en mémoire déclarative, et que la mise en discours du souvenir participe à le déterminer et le construire. Évoquons seulement les études des psychologues Schooler et Melcher, par exemple, sur le souvenir du goût du vin [16]. Comme l'explique Schacter [17], leur étude montre que la description verbale du goût d'un vin, peut affaiblir sa reconnaissance ultérieure. En effet, à l'encodage d'une sensation de goût précise, se surajoute l'encodage

■ 14. Les textes sont de Robert Storr, « Géométries intimes : l'œuvre et la vie de Louise Bourgeois », *Art Press*, n° 175, 1992. Voir aussi D. Schacter, *op. cit.*, p. 69.
■ 15. N Chomsky, "Verbal Behavior. By B. F. Skinner", *Language*, vol. 35, n° 1, 1959, p. 26–58.
■ 16. J. Melcher, J. W. Schooler, "The misremembrance of wines past : Verbal and perceptual expertise differentially mediate verbal overshadowing of taste", *Journal of Memory and Language*, n° 35, 1996.
■ 17. D. Schacter, *A la recherche de la mémoire, op. cit.*, p. 127.

d'une description verbale de ce goût moins précise, et déforme le souvenir du goût du vin.

Mémoire épisodique, construction et simulation du futur

Après les études de Bartlett, la recherche en psychologie sur la dimension constructive de la mémoire déclarative doit patienter jusqu'aux années 70. Mais il y a quelque chose de notable dans la reprise des thématiques de la mémoire constructive dans la psychologie contemporaine : elle n'accorde pas la même place au contexte, notamment culturel. La construction mémorielle n'est plus vue en fonction du contexte dans lequel elle se forme, mais dans des chronologies individuelles : en fonction de l'imagination du futur. Dans la reprise de la recherche sur la construction mémorielle en psychologie, il y a donc cette distorsion : on ne s'intéresse plus tant aux interactions de l'individu avec son environnement qu'à ses interactions temporelles avec soi. C'est à partir des travaux de psychopathologie de Endel Tulving que les recherches sur la construction mémorielle en psychologie recommencent. Tulving est célèbre pour sa distinction désormais canonique, à l'intérieur de la mémoire déclarative, entre mémoire épisodique et mémoire sémantique. La mémoire épisodique est comprise comme le processus qui rend possible qu'un état mental soit (1) au sens faible, contextualisé selon trois dimensions : ce dont il s'agit (*What*), sa situation spatiale (*Where*), et sa situation temporelle (*When*)[18] ; ou (2) au sens fort, expériencié comme une re-présentation d'un événement ayant eu lieu dans *mon* passé[19]. La mémoire sémantique est définie comme un processus mémoriel dont le contenu est donné à la conscience comme présent, sans son contexte, comme une connaissance générale[20]. La mémoire épisodique est donc associée au souvenir (*remember*) et la mémoire sémantique à la connaissance (*know*). La distinction entre ces deux types de mémoire est justifiée par le fait qu'elles sont atteintes sélectivement dans des types d'amnésie différents. Si l'on doit prendre au sérieux les études en neuropsychologie et en neurobiologie sur la question de la mémoire, c'est avec au moins un préalable. On doit considérer en effet que la méthode neuroscientifique fonctionne par abduction. À la suite de Charles Sanders Peirce et de Norwood Hanson[21], on pourrait décrire la méthode abductive

> La mémoire épisodique est associée au souvenir et la mémoire sémantique à la connaissance

18. E. Tulving, "Episodic and semantic memory", *in* E. Tulving and W. Donaldson (eds), *Organization of memory*, New York, Academic Press, 1972, p. 381-403.
19. E. Tulving, "Episodic memory : from mind to brain", *Annual Review of Psychology*, 53, 2002, p. 1-25.
20. Même si je peux me rappeler que j'ai appris x dans le passé, le contenu sémantique n'est pas accompagné d'un sentiment de ré-expérienciation. Par exemple, je sais que le mur de Berlin est tombé en 89, je sais que j'ai appris ça au collège mais cette connaissance ne se présente pas sur le mode d'une ré-expérienciation. *Cf.* E. Tulving, "Episodic and semantic memory", *op. cit.*
21. La notion d'abduction comme source de connaissances nouvelles est due à Peirce. *Cf.* C. S. Pierce, *Collected Papers of Charles Sanders Peirce* (Vols. 1-8), CP, 5, 172. Norwood Hanson reprend la notion de Pierce, *cf.* N. R. Hanson, *Patterns of Discovery : An Inquiry into the Conceptual Foundations of Science*, Cambridge, Cambridge University Press, 1958.

ainsi : étant donné l'état de nos connaissances, X est surprenant, mais si on considérait que Y, ou que Z, alors X cesserait d'être surprenant. Nous faisons donc l'hypothèse que Y. C'est-à-dire que l'hypothèse vise à proposer un modèle de fonctionnement qui rende compte d'un certain nombre de cas d'une manière cohérente. En effet, il s'agit de comprendre des phénomènes qui étaient surprenants dans le cadre des paradigmes courants. Ainsi, chez le patient de Tulving nommé N. N., comme c'est le cas dans de nombreux autres cas, la mémoire est atteinte de manière sélective. Après un accident de la route qui lui cause des lésions cérébrales (des IRM indiquent qu'elles sont situées dans la région de l'hippocampe[22]), N. N. sombre dans une amnésie profonde en ce qui concerne ses évènements personnels d'avant et d'après l'accident. Sa mémoire immédiate est défaillante, il a du mal à fixer de nouveaux souvenirs. En outre, même s'il a encore quelques connaissances sur son passé, elles semblent nimbées de la même couleur impersonnelle que ses connaissances du reste du monde. L'amnésie de N. N. affecte sa mémoire personnelle mais ni ses habitudes ni son encyclopédie mentale. Cela implique que des systèmes différents et indépendants (au moins en partie) doivent s'occuper des souvenirs personnels, des connaissances générales et des habitudes.

Tulving est célèbre aussi pour avoir remarqué que des amnésies épisodiques, c'est-à-dire des amnésies où les patients n'ont pas de souvenirs récents détaillés et ont des difficultés à fixer de nouveaux souvenirs, semblent avoir aussi pour conséquence une difficulté dans l'imagination du futur en première personne[23]. Tulving montre que l'amnésie de N. N. affecte moins ses souvenirs personnels en particulier que plus généralement son rapport à lui-même, et à ce qu'il nomme le *temps subjectif.* Quand on lui demande ce qu'il a fait « hier », il répond qu'il n'en sait rien, de la même manière que lorsqu'on lui demande ce qu'il fera « demain ». Voici précisément ce qu'il dit à propos du futur :

E. T. : Ressayons la question à propos du futur. Que ferez-vous demain ?
(Il y a une pause de 15 secondes)
N. N. esquisse un sourire, et dit : Je ne sais pas.
E. T. : Vous rappelez-vous la question ?
N. N. : À propos de ce que je ferai demain ?
E. T. : Oui. Comment décririez-vous votre état d'esprit quand vous essayez d'y penser ?
(Une pause de 5 secondes)
N. N. : Vide, je pense[24].

Ainsi N. N. n'a pas seulement des difficultés à se remémorer son passé en première personne, il lui est aussi difficile de se projeter dans le futur, de le simuler. L'hypothèse qui naît de ces observations est que dans une amnésie épisodique, ce n'est pas seulement le rapport au passé qui est

22. D. Kwan, C. F. Craver, L. Green, J. Myerson, R. S. Rosenbaum, "Dissociations in Future Thinking Following Hippocampal Damage : Evidence From Discounting and Time Perspective in Episodic Amnesia", *Journal of Experimental Psychology : General*, Vol. 142(4), 2013, p. 1355-1369.

23. E. Tulving, "Memory and consciousness", *Psychologie canadienne*, Vol. 26(1), 1985, p. 1-12.

24. *Ibid.*

altéré, mais c'est une forme épisodique de rapport à soi, qui s'étend du passé au futur. C'est en fait la capacité à voyager en pensée dans le temps en première personne qui est mise en péril[25]. Cette idée d'une relation entre remémoration du passé en première personne ou voyage mental dans le temps orienté vers le passé (*Past oriented Mental Time Travel*, nommé PMTT dans la littérature anglophone, et qu'on traduira par VMTP en français), et simulation du futur en première personne ou voyage mental dans le temps orienté vers le futur (*Future oriented Mental Time Travel*, nommé FMTT dans la littérature anglophone, et qu'on traduira par VMTF en français), est amenée par la psychopathologie. Elle devient une hypothèse forte quand elle est confirmée par d'autres méthodes d'investigation, et notamment par des études en imagerie cérébrale. En 2007, Addis, Wong et Schacter, publient un texte sur les réseaux neuraux communs de la remémoration épisodique et de la simulation dans le futur en première personne[26]. Dans l'expérience, les participant-e-s sont amené-e-s à construire un épisode passé ou futur sur une période donnée à partir d'un nom donné, quand ils·elles sont prêt-e-s ils·elles pressent un bouton et disposent encore de vingt secondes pour détailler leur événement. Il apparaît que ce sont sensiblement les mêmes régions qui sont actives dans la construction des scénarios passés ou futurs. En 2007 encore, Schacter, Addis et Buckner publient un autre texte dans lequel ils défendent l'idée qu'une des fonctions cruciales du cerveau est d'utiliser les informations stockées pour imaginer, simuler et prédire des événements futurs. Dans ce cadre la mémoire apparaît comme un outil du cerveau prospectif pour générer des simulations adéquates d'événements futurs[27]. Les auteurs formulent enfin l'hypothèse de la simulation épisodique constructive[28]. Ils font l'hypothèse qu'une des fonctions adaptatives de la mémoire épisodique constructive est de permettre aux individus de simuler ou d'imaginer des épisodes futurs. Ils s'appuient sur des preuves empiriques qui montrent un recouvrement des processus psychologiques et neuraux impliqués dans la remémoration du passé et dans l'imagination du futur. Si l'hypothèse de la simulation épisodique constructive permet d'éclairer les relations entre passé et futur personnels, elle repose sur un saut entre une proximité d'activations neurales et un rôle causal que ces auteurs font jouer à la mémoire épisodique pour le VMTF. Si le recouvrement montre que les

> La mémoire apparaît comme un outil du cerveau prospectif

■ 25. Dans la notion de voyage mental dans le temps, la dimension spatiale de la métaphore du « voyage » est notable, bien qu'on n'en considère que la dimension temporelle. C'est d'ailleurs l'importance du contexte spatial et non seulement temporel de la construction mémorielle que nous tenterons de réintroduire.

■ 26. D. R. Addis, A. T. Wong, D. L. Schacter, "Remembering the past and imagining the future : common and distinct neural substrates during event construction and elaboration", *Neuropsychologia*, 45(7), 2007, p. 1363–1377,.

■ 27. D. L. Schacter, D. R. Addis et R. L. Buckner, "Remembering the past to imagine the future. The prospective brain", *Nature Reviews Neuroscience*, 8, 2007, p. 657-661.

■ 28. D. L. Schacter et D. R. Addis, "The cognitive neuroscience of constructive memory : remembering the past and imagining the future", *Philosophical Transactions of the Royal Society of London, Series B : Biological Sciences*, 362(1481), 2007, p. 773–786.

activités peuvent être d'une même sorte, cela ne montre pas nécessairement leur implication causale, ou leurs fonctions l'une par rapport à l'autre. C'est-à-dire que rien ne nous dit si le rôle de la mémoire a quelque chose à voir avec l'imagination du futur. En effet, c'est une chose que la mémoire soit reconstructive, c'en est une autre qu'elle se reconstruise pour le futur. Chez Bartlett par exemple, la pensée d'une dimension constructive de la mémoire n'avait pas grand-chose à voir avec le futur mais la rétention et la restitution étaient pensées comme dépendantes d'un certain nombre de schémas intégrés. C'était plutôt en fonction de cadres culturels, par exemple, que la reconstruction était interprétée.

Ainsi, dans leurs publications de 2007, Schacter et Addis montrent qu'il existe des liens entre la mémoire épisodique et l'imagination du futur en première personne, mais ils ne justifient pas, d'une part, l'hypothèse que c'est le rôle de la mémoire épisodique de préparer le futur ; et encore moins, d'autre part, le fait que c'est sa fonction adaptative ou même un avantage adaptatif pour la mémoire épisodique.

Dans la psychologie de la fin du XIXe siècle à aujourd'hui, on découvre donc qu'il y a plusieurs types de mémoire, que la mémoire n'est pas seulement conservatrice et que la remémoration du passé en première personne et l'imagination du futur en première personne ne sont pas des capacités si différentes qu'on le croyait. Mais la psychologie contemporaine qui s'intéresse à la dimension constructive de la mémoire épisodique l'a coupée de son contexte, et c'est sûrement cette notion de contexte qu'il faudrait réhabiliter pour comprendre comment fonctionne la construction en mémoire épisodique.

Les recherches sur la fabrication de faux souvenirs mettent pourtant en avant l'importance du milieu intersubjectif, ou l'importance de la relation à autrui dans la construction mémorielle. Les recherches d'Elizabeth Loftus ont montré que la mémoire personnelle est malléable et qu'elle se transforme dans la relation à autrui. Dans une étude célèbre, elle induit des sujets à se souvenir de manière erronée d'un événement passé[29]. L'expérience est la suivante : après avoir montré à deux groupes de sujets sur quatre une fausse publicité de Disney représentant Bugs Bunny, elle leur demande de raconter leurs souvenirs d'une journée passée à Disneyland et leur demande s'ils ont serré la main de Bugs Bunny. Une grande partie des sujets (30 % et 40 %) des deux groupes auxquels on a montré la fausse publicité déclare savoir, voire se souvenir, avoir serré la main à Bugs Bunny pendant la journée à Disneyland. Mais Bugs Bunny ne fait pas partie de l'univers Disney, ce souvenir est donc impossible, l'hypothèse est alors que la publicité a induit les sujets à former un faux souvenir. La psychologue Julia Shaw a même montré qu'elle pouvait induire des personnes à former le faux souvenir d'avoir commis un délit dans leur enfance[30]. Il leur était alors impossible de faire la différence entre leurs faux souvenirs et leurs souvenirs *adéquats*. L'hypothèse de Loftus est la suivante : si on ne peut distinguer entre les faux souvenirs induits et

■ 29. E. F. Loftus, "Our changeable memories : legal and practical implications", *Nature*, 4, 2003, p. 231-234.
■ 30. J. Shaw, S. Porter, "Constructing Rich False Memories of Committing Crime", *Association for psychological science,* 2015, p. 1-11.

les souvenirs adéquats c'est parce que la mémoire tout entière est malléable. Mais la recherche sur la fabrication de faux souvenirs induits met en avant le caractère relationnel de la mémoire individuelle. La mémoire individuelle est en relation avec un monde et avec d'autres individus. Nous ne sommes pas seul-e-s avec nos souvenirs, souvent on raconte nos souvenirs, et notre récit du passé est déterminé par les récits communs sur lui. On voit que la construction dans ce cadre n'a pas directement à voir avec nos projections individuelles ou nos buts à plus long terme mais qu'elle est plutôt liée à nos relations aux autres, à notre milieu et aux cadres sociaux et collectifs dans lesquels nos mémoires se construisent et sont recombinées quand elles sont mobilisées.

Il est donc clair maintenant que la relation au futur personnel n'est pas le seul ingrédient déterminant dans la construction mémorielle. Mais il reste à éclairer les liens entre la mémoire épisodique et la simulation du futur. Sont-elles deux sortes différentes de relation au temps personnel ou participent-elles à une même capacité de voyager mentalement dans le temps en première personne ?

Mémoire épisodique et voyage mental dans le temps [31]

À partir des recherches en neuropsychologie sur la mémoire épisodique et le VMTF, on découvre de plus en plus de signes d'une proximité à l'intérieur d'une même espèce (« in kind » dans la littérature sur le sujet [32]), entre ces deux capacités. Notons toutefois que, si c'est peu précisé dans la littérature, il existe d'autres formes de VMTF que des formes épisodiques [33]. Elles partagent des aires cérébrales similaires, elles sont souvent affectées ensemble dans des amnésies épisodiques, et si la mémoire épisodique est constructive alors il est difficile de lui refuser une dimension simulationnelle.

Le continuisme [34] avancé par la psychologie contemporaine pose une symétrie entre mémoire et imagination ; or ces deux capacités ont traditionnellement un statut épistémique distinct. On peut douter en effet de la capacité de l'imagination à nous donner accès à la connaissance. Qu'en est-il pour l'imagination du futur ? Il y a en effet un enjeu fort dans le continuisme [35],

31. Cette section est largement inspirée de K. Michaelian, "Against discontinuism : Mental time travel and our knowledge of past and future events", K. Michaelian, S. B. Klein et K. K. Szpunar (eds), *Seeing the Future : Theoretical Perspectives on Future-Oriented Mental Time Travel*, Oxford, Oxford University Press, 2016, p. 62–92 ; et de D. Perrin, K. Michaelian, "Memory as mental time travel", *in* S. Bernecker and K. Michaelian (eds), *The Routledge Handbook of Philosophy of Memory*, Routledge, à paraître.

32. K. Michaelian, "Against discontinuism : Mental time travel and our knowledge of past and future events", *op. cit.*, p. 63.

33. En effet, on peut imaginer le futur sans s'y projeter en première personne. La prévision météorologique en est le meilleur exemple. La littérature qui compare la mémoire épisodique et le VMTF précise rarement de quel VMTF il s'agit, nous utiliserons ici VMTF dans le sens de voyage mental dans le temps *en première personne* orienté vers le futur. Sur les formes non épisodiques de VMTF, *cf.* S. B. Klein, J. Loftus, J. F. Kihlstrom, "Memory and Temporal Experience : the Effects of Episodic Memory Loss on an Amnesic Patient's Ability to Remember the Past and Imagine the Future", *Social Cognition* 20(5), 2002, p. 353-379 ; S. B. Klein, "Autonoetic consciousness : Reconsidering the role of episodic memory in future-oriented self-projection", *The Quarterly Journal of Experimental Psychology*, 2015, DOI : 10.1080/17470218.2015.1007150.

34. D. Perrin et K. Michaelian, "Memory as mental time travel", *op. cit.*

35. Dans le débat sur les relations entre mémoire épisodique et VMTF, Denis Perrin est le premier à avoir proposé les termes de continuisme et discontinuisme pour confronter les positions. La position discontinuiste soutient qu'il y a une différence de sorte (« in kind ») entre la mémoire épisodique et l'imagination du futur,

car si on considère que les différences entre la mémoire épisodique et le VMTF ne sont pas qualitatives et que ce sont seulement des différences de degré alors on doit leur donner le même statut épistémique. Il est difficile à première vue d'accepter que la simulation du futur puisse nous donner le même type de connaissance que la remémoration du passé.

Le continuisme pose une symétrie entre mémoire et imagination

Mais avant même de savoir si on peut accorder le même statut épistémique à ces deux capacités, un des problèmes majeurs pour la philosophie est de déterminer le statut épistémique des souvenirs. Qu'est-ce que la mémoire personnelle nous dit du passé ? Un détour par « The Memory Tree Man », le masque sculpté de Jerry Coker de 1993, peut en révéler la difficulté. Jerry Coker est un artiste américain, connu pour ses masques tirés de ses souvenirs d'enfance. Quand il explique cette œuvre, il raconte une histoire. Un jour, alors qu'il est à côté du grand pommier de son grand-père, une famille passe par là et demande à cueillir des pommes, Coker accepte. La famille dit qu'elle reviendra le lendemain. Le lendemain, la famille cueille toutes les pommes du pommier. Coker se fâche, et la famille répond qu'il avait accepté la veille. Ils décident d'aller voir le grand-père pour arbitrer la dispute. Si les deux parties sont persuadées de leur version, « le grand-père en vint à la sage conclusion que seul le pommier savait vraiment ce qu'il s'était passé[36] ». Le grand-père sait que les souvenirs ne sont pas fidèles au passé, et que le témoignage, aussi sincère qu'il soit, n'est pas pour autant fiable. Si la mémoire épisodique a une dimension constructive, alors comment peut-elle nous faire connaître le passé de manière certaine ?

Cependant, le passé n'est-il pas plus sûr que le futur ? Ce qu'on peut penser d'abord c'est que quand bien même le VMTF nous donnerait une connaissance du futur, celle-ci est forcément moins sûre que la connaissance de notre passé telle qu'elle nous est donnée par la mémoire épisodique. Le futur est épistémiquement ouvert, c'est-à-dire que nous ne pouvons être certain·e·s de ce qui arrivera, nous ne pouvons même être certain·e·s que quelque chose arrivera. Le monde entier pourrait même disparaître demain, alors qu'il était là hier. Si nous ne pouvons être complètement certain·e·s que les détails de nos souvenirs passés sont exacts, nous pouvons au moins être certain·e·s que des choses se sont passées dans le passé. Et si nous sommes incapables d'exclure l'irréalité du futur, nous serions capables en revanche d'exclure l'irréalité du passé. Nous pourrions donc adopter une position discontinuiste.

Pourtant, comme Russell l'a montré, nous ne pouvons pas exclure l'irréalité du passé[37]. C'est un problème du scepticisme épistémologique : si nous avons une haute idée de la connaissance, qui ne requiert pas seulement la fiabilité

la position continuiste propose que ces deux capacités, malgré leurs différences, sont d'une même sorte, puisqu'elles participent plus généralement à la capacité à voyager mentalement dans le temps en première personne (VMT). Cf. D. Perrin, "Asymmetries in Subjective Time", in K. Michaelian, S. B. Klein et K. K. Szpunar (eds), Seeing the Future : Theoretical Perspectives on Future-Oriented Mental Time Travel, Oxford, Oxford University Press, 2016.

■ 36. D. Schacter, A la recherche de la mémoire, op. cit., p. 70.
■ 37. B. Russell, The Analysis of Mind, London, G. Allen & Unwin Ltd, 1921.

mais aussi la certitude, alors, nous nous privons de toute connaissance virtuelle. En fait, si la certitude est requise pour la connaissance alors nous ne pouvons avoir de connaissance ni des événements futurs ni des événements passés, ni même des événements présents.

Si on veut sauver la connaissance de notre passé, cela implique d'être moins exigeant en matière de normes épistémiques. Et dans ce cas, si la connaissance requiert seulement un degré de fiabilité, il n'y a pas de raison de dire qu'il y a une différence entre notre connaissance des événements passés et notre connaissance des événements futurs. Éventuellement on pourra trouver des différences quantitatives dans le niveau de fiabilité, mais cela ne justifie sûrement pas de poser une différence de sorte, comme le montre le philosophe de la mémoire Kourken Michaelian [38].

Si on ne trouve pas de différence épistémologique radicale entre la mémoire épisodique et le VMTF du point de vue de la fiabilité, peut-être qu'elle se joue à un autre niveau ? Une proposition de Michaelian est que la différence pourrait se situer dans la manière d'accéder à la connaissance dans les deux capacités. La connaissance du futur peut être considérée comme indirecte ou inférentielle, alors que la connaissance du passé serait directe, puisqu'elle serait conséquence d'événements passés vécus, qui en seraient la cause. L'idée est la suivante : les événements futurs ne sont pas donnés mais inférés et la connaissance qu'on en a dépend de la fiabilité des inférences que nous faisons sur la base des indices que nous avons au présent de ce qui va se passer. Mais peut-on vraiment avoir une connaissance directe du passé ? Cette proposition présuppose qu'on accepte la théorie causale du souvenir.

En philosophie de la mémoire, on fait fréquemment une distinction entre les souvenirs apparents *véritables* et les souvenirs *seulement* apparents. Mais cette distinction présuppose que le *véritable* rappel contienne un souvenir apparent qui est « *vrai ou correct* » pour la mémoire sémantique et qui s'est « *réellement passé* » pour la mémoire épisodique. Elle présuppose aussi qu'on peut faire une nette distinction entre un souvenir apparent d'une proposition fausse et un souvenir apparent de quelque chose qui n'a pas eu lieu [39]. Dans la mesure où il faut distinguer les souvenirs apparents véritables des souvenirs seulement apparents et que ce ne peut être par seule correspondance contingente entre le souvenir et l'événement (on pourrait se rappeler de manière appropriée par chance – « blind

> **La théorie causale repose sur une forme de réalisme direct**

luck » dit Michaelian [40]), il y a un enjeu pour une philosophie de la mémoire d'établir un lien plus fort et nécessaire. Le lien causal proposé initialement par John Locke [41] est repris ensuite dans une grande partie de la philosophie

■ 38. K. Michaelian, "Against discontinuism : Mental time travel and our knowledge of past and future events", *op. cit.*, à partir de la section 3, p. 80 *sq.*
■ 39. *Ibid.*, p. 69.
■ 40. *Ibid.*
■ 41. J. Locke, *Essai sur l'entendement humain, op. cit.*

sur la mémoire. La théorie causale défend que le souvenir apparent doit être causé par l'expérience passée.

Comme le montrent Perrin et Michaelian[42], une telle théorie causale repose sur une forme de réalisme direct, et se heurte à la même aporie que le réalisme direct sur la question de la perception. Les réalistes directs considèrent que les objets perçus sont constitutifs des états perceptuels. Cela les force à une forme de disjonctivisme : c'est-à-dire que cela les oblige à poser une différence de nature entre les états perceptuels véritables et les hallucinations (qu'elles soient visuelles ou auditives par exemple). Pourtant on ne trouve rien de tel[43]. De même pour la mémoire : si on considère que les événements passés sont constitutifs des souvenirs alors cela implique une forme de disjonctivisme et il faut poser une différence de nature entre les véritables souvenirs et les hallucinations mémorielles. Les recherches sur la fabrication de faux souvenirs induits mentionnées plus haut et initiées par Loftus[44] nous ont appris au moins trois choses :

• Les souvenirs du passé et les faux souvenirs peuvent avoir le même degré de détails et être associés à la même charge émotionnelle[45].

• L'individu qui se souvient ne peut pas faire tout seul la différence entre un souvenir approprié et un souvenir apparent ou un faux souvenir. S'il peut la faire c'est en confrontant si possible sa version à celle d'autres individus[46].

• Il ne s'agit pas pour autant de dire que les souvenirs n'ont généralement aucun lien avec le passé mais seulement qu'il n'y a pas de différence au niveau neurocognitif entre les souvenirs qui ont un lien causal avec le passé et ceux qui n'en ont pas[47]. Si les souvenirs sont la plupart du temps appropriés (« accurate » dans le vocabulaire de Michaelian[48]), il n'y a pas de preuve que la causalité a quelque chose à voir avec cela. On pourrait résumer la critique de la théorie causale dans les termes de Michaelian : « Si se souvenir est simulationnel de manière caractéristique ça n'implique pas nécessairement de lien causal – la simulation mobilise nécessairement des traces issues du passé, mais la simulation d'un événement donné passé ne mobilise pas nécessairement des traces issues de l'expérience de cet événement particulier[49] ».

Nous n'avons donc apparemment pas de raisons particulières de soutenir que la mémoire nous donne accès à une connaissance directe du passé que la simulation du futur ne peut pas nous donner. Nous sommes donc

■ 42. D. Perrin et K. Michaelian, "Memory as mental time travel", op. cit., p. 11.
■ 43. Sur les hallucinations visuelles, voir par exemple : A. Noë, Action in Perception, Cambridge (Mass.)-London, MIT Press, 2004. Sur les hallucinations auditives, voir les travaux de Diana Deutsch, acousticienne qui a mené une série d'expériences tendant toutes à montrer que notre audition est constructive et interprétative, et qu'en ce sens on ne peut poser de différence qualitative entre ce qu'on nomme les hallucinations et les perceptions adéquates. Par exemple : D. Deutsch, "Music Perception", The Musical Quarterly, Vol. 66(2), 1980, p. 165-179.
■ 44. E. F. Loftus, "Our changeable memories : legal and practical implications", op. cit.
■ 45. E. Loftus, Eyewitness Testimony, Cambridge, (Mass.), Harvard University Press, 2nd ed., 1996.
■ 46. Ibid.
■ 47. B. Straube, A. Green, A. Chatterjee, T. Kircher, "Encoding social interactions : the neural correlates of true and false memories", Journal of cognitive neuroscience, Vol. 23(2), 2011, p. 306-324.
■ 48. K. Michaelian, "Against discontinuism : Mental time travel and our knowledge of past and future events", art. cit., p. 69.
■ 49. D. Perrin et K. Michaelian, "Memory as mental time travel", op. cit., p. 12.

amené-e-s à considérer que la connaissance de notre passé comme de notre futur dépend de la fiabilité des inférences [50] qu'on fait à leur sujet. Il reste à éclairer les raisons pour lesquelles nous n'accordons pas la même confiance à nos inférences sur le passé et à nos inférences sur le futur. Un passage par la philosophie de Kneale, même si elle s'intéresse davantage à la mémoire collective, peut éclaircir ce point :

> Nous pourrions (…) être trompés par un truisme, que ce qui est passé est arrivé et que ce qui est futur n'est pas arrivé, et être portés à croire que le passé est nécessairement plus accessible à la connaissance que le futur. Après tout, il est là et nous devrions pouvoir le découvrir. Mais ce n'est pas le cas. Les événements passés sont arrivés, mais la possibilité de leur connaissance dépend de la possibilité de les connecter avec les événements présents par des lois qui permettent de faire des inférences à rebours, et du fait que l'observation présente, la mémoire, et les traces que nous en avons nous donnent assez d'informations pour appliquer de telles lois [51].

Selon Kneale, si nous pensons connaître davantage notre passé que notre futur, c'est une habitude qui n'est pas spécialement justifiée. Kneale lui trouve deux raisons « psychologiques » principales : d'une part, quand on pense au passé on a tendance à se concentrer sur ce que nous savons. Nous considérons la date de tel événement historique, comme la naissance de l'imprimerie, ou en mémoire épisodique, nous nous concentrons sur des épisodes dont on se souvient bien comme notre rencontre avec X. D'autre part, quand on pense au futur, on a tendance au contraire à se concentrer sur ce que nous ne savons pas. Il y a pourtant beaucoup d'événements futurs qu'on peut anticiper de manière détaillée. On peut anticiper par exemple – et des gens le font – que dans une cinquantaine d'années, pour des raisons climatiques, toutes choses étant égales, les vignes ne

Il y a beaucoup d'événements futurs que l'on peut anticiper de manière détaillée

pourront plus produire de raisins dans le sud de la France et dans la vallée du Rhône et qu'il faudra les déplacer au Nord [52]. Ici, la prédiction est valide étant donné certaines prémisses. Mais si on pense à cela, on se concentre plus facilement sur des interrogations comme la question de savoir quel goût aura le vin produit par des vignes exilées. Des climatologues pourraient penser que c'est là le cœur du problème, de nombreuses recherches anticipent des événements catastrophiques détaillés mais nous n'avons pas confiance en nos inférences orientées vers le futur. Nous prendrions tous les scénarios sur le futur comme des scénarios fictionnels, sans considérer que des projections, des prévisions, ou des simulations ne sont pas nécessairement des fictions et

50. Nous définissons ici le terme d'inférence comme l'opération par laquelle on passe d'une assertion considérée comme vraie à une autre assertion au moyen d'un système de règles qui rend cette deuxième assertion également vraie.
51. M. Kneale, « Our knowledge of the past and of the future », *Proceedings of the Aristotelian Society*, 72, 1971, p. 11.
52. V. Laramée de Tannenberg et Y. Leers, *Menace sur le vin : Les défis du changement climatique*, Paris, Buchet-Chastel, 2015.

peuvent être basées sur des inférences fiables. Et dans ce cas, il n'y a pas de raison de ne pas les considérer comme des connaissances du futur. En outre, des défenseurs de théories narratives parleraient volontiers de nos rappels d'événements passés en termes de récits, réduisant ainsi la distinction entre les récits en fonction de leur orientation temporelle.

Les différences du point de vue de nos pratiques épistémiques vis-à-vis du passé et du futur, ne justifient pas de les distinguer sortalement. Nous sommes donc conduit-e-s à défendre une version continuiste sur la mémoire épisodique et le VMTF, et à en assumer les conséquences.

Conclusion

Dans cet article, nous nous sommes demandé si la mémoire déclarative – et en particulier la mémoire épisodique – était constructive. Nous avons répondu positivement, et avons montré, à partir d'une brève histoire de la psychologie de la mémoire, qu'elle était constructive en au moins trois sens. Nous avons montré d'abord qu'elle est sélective et peut fonctionner par subsomption, ou pensée du particulier sous le général. Nous avons montré ensuite qu'elle est interprétative, et que la construction n'est pas simplement à entendre comme un principe de choix pensé comme simplification mais aussi comme une invention liée aux histoires des individus et aux contextes culturels, sociaux et instersubjectifs de leur remémoration. Nous avons montré enfin qu'elle est simulationnelle, c'est-à-dire que la construction mémorielle est liée à nos projections dans le futur en première personne. Nous avons mis en doute l'hypothèse selon laquelle ce serait précisément la fonction de la mémoire épisodique de se reconstruire pour préparer le futur, en soutenant qu'une telle proposition qu'une telle proposition méritait un examen plus approfondi. Nous avons défendu en revanche l'idée que la mémoire épisodique et la simulation du futur en première personne participaient d'une même espèce de capacité à voyager mentalement dans le temps en première personne, et qu'on ne trouvait pas de différence qualitative entre ces deux capacités. Nous avons donc soutenu une position continuiste sur les relations entre mémoire épisodique et VMTF. Nous avons considéré une conséquence majeure du continuisme : le continuisme épistémique. Puisque la dimension constructive de la mémoire épisodique invite à repenser les normes de la connaissance, et à favoriser la fiabilité à la certitude, en ce sens on ne trouve plus de différence de nature dans la connaissance qu'on peut avoir de notre passé et celle qu'on peut avoir de notre futur.

Un tel continuisme nous invite à modifier nos pratiques épistémiques. En particulier, si on considère que la mémoire épisodique est une source importante du rapport à nous-mêmes, nous sommes conduit-e-s à penser que le VMTF en première personne est un ingrédient de la relation à nous-mêmes. Si on considère comme Locke que le soi n'est pas une substance, mais qu'il est une relation, on peut penser que la seule chose qui peut nous donner une information sur lui, c'est la façon dont il se rapporte à soi. Et dans ce cas, la simulation d'un futur possible ou de valeur, comme la remémoration du passé doivent être considérés comme des outils du rapport à soi-même. Les deux écueils que nous faisons remarquer dans la théorie lockéenne de l'identité personnelle étaient nommés par Leibniz dans sa réponse à Locke. Le premier est de postuler une personne coupée de tout contexte intersubjectif et comme seule avec sa conscience, le second est de poser une différence de nature entre la relation au passé et la relation au futur personnels. Au contraire, Leibniz propose que la mémoire de la communauté peut suppléer à ma propre mémoire :

> Et si je venais à oublier toutes les choses passées, et serais obligé de me laisser enseigner de nouveau jusqu'à mon nom et jusqu'à lire et écrire, je pourrais toujours apprendre des autres ma vie passée dans mon précédent état, comme j'ai gardé mes droits, sans qu'il soit nécessaire de me partager en deux personnes, et de me faire héritier de moi-même. Et tout cela suffit pour maintenir l'identité morale qui fait la même personne[53].

Il met par ailleurs sur le même plan le lien du présent au futur et le lien du présent au passé[54].

> Un être immatériel ou un esprit ne peut être dépouillé de toute perception de son existence passée. Il lui reste des impressions de tout ce qui lui est autrefois arrivé et il a même des pressentiments de tout ce qui lui arrivera[55].

Si la question épistémique de l'identité personnelle (celle de savoir comment nous pouvons nous reconnaître) se solutionne par la mémoire, cela ne peut être qu'en partie. En effet, nous devons considérer que notre reconnaissance de nous-mêmes ne dépend pas seulement de notre mémoire épisodique mais sûrement aussi de notre capacité à voyager dans le futur en première personne. C'est-à-dire que notre lien à nous-mêmes comme sujet de nos histoires, grâce auquel nous nous reconnaissons et avons une impression de continuité avec nous-mêmes, est rendu possible par des capacités complémentaires que sont la mémoire épisodique et le VMTF. Notre relation à nous-mêmes est ainsi approfondie de deux façons au moins. Le lien est étendu dans le temps et n'est pas simplement tourné vers le passé, nous avons aussi une relation à nous-mêmes dans le futur. Il est par ailleurs spatialisé et contextualisé. Nous avons une relation à nous-mêmes qui est aussi déterminée par notre inscription dans un monde, et donc par nos relations à un ensemble de cadres, que sont les cadres culturels, sociaux et intersubjectifs dans lesquels nous formons nos souvenirs, nos projections et nos histoires.

Loraine Gérardin-Laverge
doctorante, Université Paris-Nanterre

53. G. W. Leibniz, *Nouveaux Essais sur l'entendement humain*, Paris, Flammarion, 1990 [1765], II, XXVII, 9, p. 184.
54. Des commentateurs défendent que, chez Leibniz, ces deux liens sont de même nature, cf. M. Parmentier, « Leibniz et la perception du futur », *Revue de métaphysique et de morale*, (2) 2011, p. 221.
55. G. W. Leibniz, *Nouveaux Essais sur l'entendement humain*, op. cit., II, XXVII, 14, p. 186.

La mémoire

RÉPÉTITION ET REPENTIR : LES PARADOXES D'UNE MÉMOIRE RELIGIEUSE

Barbara de Negroni

Il y a dans l'œuvre de Kierkegaard un rôle fondamental joué par une mémoire religieuse. Cette mémoire s'oppose autant à la fugacité d'une vie d'esthète qu'à l'engagement éthique : elle est une présence angoissante, nous faisant vivre un temps discontinu, qui articule la vie sensible à l'éternité, qui repose sur une liberté soucieuse, sur l'angoisse fondamentale du péché. Cette mémoire prend souvent la forme du repentir : nous devons vivre dans le ressouvenir permanent de la faute, comme un fardeau que nous traînons toujours avec nous. La parole de Dieu doit éveiller en nous le sens du péché, être en nous comme une écharde dans la chair et donner toute sa force à une mémoire subjective.

Si le souci essentiel de Kierkegaard est de réussir à nous faire penser selon des catégories spécifiquement chrétiennes, le rapport au temps joue dans cette approche un rôle fondamental. Il offre une des modalités pour reconnaître le stade religieux, pour en prendre en compte la spécificité, et pour réussir à le différencier des stades esthétique ou éthique. Kierkegaard ne travaille ni dans une perspective épistémique, en construisant une théorie de l'histoire et du temps, ni en analysant rationnellement un temps vécu par l'individu, les paradoxes de la mémoire et de l'oubli, les façons dont on peut rechercher l'origine d'un faux souvenir.

Si le temps qu'il analyse doit être appréhendé subjectivement, cela doit être dans la crainte et le tremblement ; il n'est ni historique, ni homogène ; il échappe tout autant aux recherches des savants qu'à celles des philosophes. Ceux qui veulent voir dans le succès du christianisme depuis dix-huit siècles un argument prouvant sa vérité, ne se rendent pas compte qu'ils détruisent ainsi le christianisme et transforment une vérité éternelle en hypothèse : « Si mille ans sont comme un jour devant Dieu, ils le sont également devant une vérité éternelle et c'est impertinence pure que de vouloir leur accorder une importance quelconque[1] ». Ceux qui, comme Hegel, pensent un temps homogène, dont on peut dialectiser les figures et les moments, font du christianisme une vérité objective, qui peut s'atteindre par la spéculation, et sont incapables d'appréhender un temps hétérogène, fait de décisions, de crises, de ruptures, qui se vit dans les paradoxes d'un rapport à l'instant et d'un rapport à l'éternité, qui suppose un Dieu qui n'est pas appréhendable par la raison, qui est radicalement hétérogène à l'homme. C'est pourquoi l'analyse subjective de Kierkegaard est très loin de toute recherche d'ordre psychologique ou métapsychologique : le temps ne nous renvoie pas à des éléments dissimulés en nous, masqués par des désirs, mais à une création divine, et à la distance infinie qui sépare Dieu de l'homme.

Ce ne sont donc pas des concepts spéculatifs et rationnels qui peuvent nous permettre d'appréhender le temps, mais seulement la subjectivité. Une mémoire très particulière joue ici un rôle fondamental, mémoire qui prend à la fois la forme de la répétition[2] et du repentir : la confession ne conduit jamais à l'oubli et à une sorte d'effacement-rédemption de la faute, le pardon reste toujours en suspens et ne nous permet jamais d'atteindre la satisfaction d'une absolution. La mémoire religieuse s'inscrit en nous, comme une écharde dans la chair : elle est un des signes de cette souffrance qui est pour Kierkegaard la caractéristique fondamentale du christianisme. C'est dire que cette mémoire est toujours présente, ne saurait prétendre atteindre le moindre effacement, et encore moins une forme de dépassement : elle est une présence angoissante, qui nous fait vivre en permanence la difficulté d'une expérience religieuse.

Oubli, fidélité, répétition

L'oubli et la mémoire font partie des concepts qui permettent de différencier les stades esthétique, éthique et religieux. Celui qui ne se préoccupe que d'esthétique ne se soucie pas de la mémoire : il vit, tel le séducteur du *Journal*, dans un renouvellement permanent de sensations, dans un présent instantané, en refusant toute continuité du temps. Il s'efforce de ne jamais se souvenir et pratique l'art difficile de l'oubli : l'évènement dont on se ressouvient prend un caractère éternel et n'a plus aucun intérêt temporel[3]. L'esthète ne vit que dans la fugacité des belles sensations légères et éphémères : le séducteur écrit dans les dernières lignes de son journal, après avoir abandonné Cordélia : « Je désire perdre tout souvenir de mes relations avec elle ; elle a perdu tout parfum et les temps ne sont plus où le chagrin d'une jeune fille abandonnée par son amant infidèle la transformait en héliotrope[4]. » Considérant que

---

1. *Le Livre sur Adler*, in Kierkegaard, *Œuvres complètes*, trad. fr. P.-H. Tisseau et É.-M. Jacquet-Tisseau, Paris, Éditions de l'Orante, 1966-2015, t. XII., p. 74. Toutes les citations de Kierkegaard étant tirées de cette édition, nous mentionnerons maintenant uniquement le titre du livre, le tome et la page.

2. Ou de « la reprise » suivant la traduction donnée à ce terme.

3. Voir *L'Alternative*, 1ʳᵉ partie, *Diapsalmata*, t. III, p. 32 : « Pour moi, rien n'est plus dangereux que le ressouvenir. Dès que je lui ai livré une circonstance de la vie, cette circonstance s'évanouit. […] le ressouvenir rassasie plus abondamment que toute réalité et il a une assurance que ne possède aucune réalité. Un événement dont on se ressouvient est déjà entré dans l'éternité et n'a plus aucun intérêt temporel. »

4. *L'Alternative*, 1ʳᵉ partie, *Journal du Séducteur*, 25 septembre, t. III, p. 412.

l'éthique est aussi ennuyeuse dans la vie qu'en philosophie, il refuse tout engagement moral et en particulier le mariage.

À ce discours esthétique, l'éthicien répond par un éloge de la fidélité : l'amour se distingue de la volupté par « son empreinte de l'éternité [5] ». Il s'agit de fonder la vie sur ce qui relève essentiellement de l'être, de posséder le particulier dans le général, de vivre dans une continuité du temps, et dans la sécurité que donne la décision d'un engagement définitif.

Ces deux conceptions reposent l'une comme l'autre sur une représentation du temps comme déroulement linéaire de moments : au stade esthétique, chaque instant est vécu dans sa discontinuité, sous le mode de la rupture, en appréciant l'instant, dans sa solitude, loin de toute forme d'engagement ou de permanence ; au stade éthique, on cherche au contraire à maîtriser cette succession et à chanter les beautés de la fidélité et de la constance. C'est ce caractère linéaire du temps qui est récusé par le croyant, ce qu'illustre l'expérience fondamentale de la répétition.

La répétition est pour Kierkegaard une expérience quasi religieuse, elle nous offre « la réalité et le sérieux de la vie [6] ». Elle est au christianisme ce que la réminiscence est au paganisme. La répétition n'est pas un ressouvenir : alors que le ressouvenir est ressouvenir du passé, alors que la réminiscence est une répétition en arrière, la répétition est un ressouvenir en avant. En ce sens, elle se rattache bien à l'engagement et à la fidélité. Mais elle suppose aussi une articulation de l'instant et de l'éternité. Vivre dans la répétition, c'est considérer que chaque instant est éternel, qu'il est une sorte d'atome de temps qui demeure, tout ce que nous vivons s'inscrivant aussi dans une éternité.

La répétition est pour Kierkegaard une expérience quasi religieuse

Dans *Le Concept d'angoisse* Kierkegaard écrit : « L'instant désigne le présent tel quel, sans passé ni avenir ; c'est en cela que consiste l'imperfection de la vie sensible. L'éternel désigne aussi le présent sans passé ni avenir, et c'est en cela que consiste la perfection de l'éternel [7] ». La répétition est donc l'expérience qui nous fait accéder à ce point commun entre l'instant et l'éternel, qui nous fait prendre conscience de ce caractère radicalement hétérogène du temps et de l'éternité, qui permet de penser une vie spirituelle par différence avec une vie sensible.

Là encore Hegel, et tous ceux qui sont enthousiasmés par sa philosophie, en prétendant unifier et dialectiser les catégories temporelles, prouvent qu'ils n'ont rien compris au temps : ils appellent par erreur la répétition « médiation », et introduisent une dialectique immanente, là où il y a transcendance et hétérogénéité. Seul le christianisme peut réussir à penser le problème de la répétition : la philosophie grecque fonde la connaissance sur le ressouvenir sans que la conscience soit inquiétée ; la philosophie moderne ne fait de mouvement que dans l'immanence. Au contraire la conscience chrétienne

■ 5. *L'Alternative*, 2ᵉ partie contenant les papiers de B : Lettres à A, *La Valeur esthétique du mariage*, t. IV p. 19.
■ 6. *La Répétition, Essai de psychologie expérimentale*, t. V, p. 5.
■ 7. *Le Concept d'angoisse*, t. VII, p. 186.

vit l'inquiétude d'une différence entre l'instant sensible et l'éternité. Elle saisit ainsi que « si Dieu lui-même n'avait pas voulu la répétition, le monde n'aurait jamais été[8] ».

Pour faire comprendre à son lecteur ce qu'est une répétition, Kierkegaard utilise l'histoire de Job. D'abord parce qu'il s'agit d'une histoire spécifiquement religieuse, qui porte sur la catégorie de l'épreuve, catégorie qui n'a aucun sens sur un plan esthétique ou éthique : en vivant dans la discontinuité de l'instant, l'esthète ne peut penser une épreuve ; en vivant dans des règles générales, l'éthicien récuse le sérieux de l'épreuve. L'épreuve est une catégorie absolument transcendante qui « met l'homme dans un rapport d'opposition strictement personnelle à Dieu[9]. » La grandeur de Job est d'être capable de penser, contre tous ceux qui l'entourent – sa femme et ses différents amis –, que les catastrophes successives qui lui arrivent ne sont pas un châtiment justement mérité, mais une épreuve, qui doit être vécue, supportée dans l'humilité, dans la crainte et dans le tremblement, qui vient de Dieu et qui ne peut se clore que grâce à une intervention divine. Job a raison de refuser de voir dans ce qu'il vit un châtiment, il a tort de ne pas toujours supporter l'épreuve d'une âme égale, et de s'agacer des souffrances qu'il subit. Mais à la fin de l'histoire, Job est béni par Dieu, et reçoit tout au double. Si on peut qualifier ce don divin de répétition, Kierkegaard ajoute aussitôt : « Ses enfants furent la seule chose que Job ne reçut pas au double, parce que la vie humaine ne se prête pas à redoublement. Seule la répétition spirituelle est ici possible, encore qu'elle ne soit jamais dans la temporalité aussi parfaite que dans l'éternité, qui est la vraie répétition[10]. » Vivre une répétition, c'est donc constamment articuler notre temporalité sensible à l'éternité, dans une discontinuité radicale du temps.

La répétition se rattache ainsi à un sérieux chrétien, qui ne peut se vivre que dans les affres d'une liberté soucieuse. Kierkegaard oppose trois formes de liberté : une liberté épicurienne, d'ordre esthétique, qui est une pure recherche du plaisir ; une liberté stoïcienne, d'ordre éthique, qui prétend définir une habile sagesse, d'autant plus sage qu'elle met en place des préceptes généraux ; une liberté soucieuse, d'ordre religieux, qui se vit sous la forme d'une lutte passionnée et qui est l'expression véritable de la répétition. Cette liberté soucieuse peut être rapprochée des vérités soucieuses définies dans un *Discours édifiant* par opposition aux vérités indifférentes. Comprendre cette différence suppose de comprendre que la notion de vérité, au sens plein du terme, est toujours rattachée par Kierkegaard au souci de soi-même, qu'une vérité n'est telle que parce qu'elle s'adresse à un individu : une vérité neutre, qu'on pourrait analyser uniquement sur un plan objectif, reste pauvre parce qu'elle ne nous touche pas. Les « vérités indifférentes » sont recevables de la même façon par tous les individus, quelle que soit leur condition particulière, leur enthousiasme ou leur froideur. Ainsi la grandeur ou l'élévation peuvent faire l'objet d'éloges, mais elles n'affectent ni ne touchent ceux qui prononcent

8. *La Répétition, Essai de psychologie expérimentale*, t. V, p. 5.
9. *Ibid.*, p. 77.
10. *Ibid.*, p. 87.

ces éloges. Au contraire les vérités soucieuses ne s'appliquent pas d'une manière générale à toutes les circonstances, elles ne sont pas indifférentes à ceux qui les ont énoncées, elles doivent constamment être présentes en eux pour les éveiller au souci d'eux-mêmes [11]. C'est le rôle que doit jouer la parole de Dieu. De même la liberté soucieuse n'a rien d'un libre arbitre abstrait et d'un volontarisme stoïcien : il ne s'agit pas d'opposer les grandes catégories de ce qui dépend et de ce qui ne dépend pas de nous. La liberté soucieuse s'éprouve dans l'exercice d'une lutte passionnée, faite de difficultés nouvelles à chaque moment ; elle présuppose une prise de conscience du conflit et de la contradiction [12] ; elle concerne l'individu en tant que tel, un individu conscient du péché, du sérieux, de l'angoisse.

La liberté soucieuse concerne l'individu en tant que tel

Péché, sérieux, angoisse

La temporalité sensible, tout comme la conscience et la connaissance, sont entrées dans le monde par le péché. Dieu avait interdit à Adam de manger de l'arbre de la connaissance du bien et du mal pour éviter que la connaissance n'entrât dans le monde avec « son cortège de misères : la douleur de l'absence, le bonheur douteux de la possession, les affres de la séparation et sa difficulté, l'inquiétude de la réflexion et les soucis qu'elle apporte, la détresse du choix et la décision qui en découle, le verdict de la loi et la condamnation prononcée, la possibilité de se perdre et l'angoisse qu'elle provoque, les souffrances de la mort et l'attente qui la précède [13]. » Et Kierkegaard ajoute : « Si l'homme avait obéi, si l'interdiction n'avait pas été enfreinte, tout serait demeuré en l'état, tout eut été très bon, et l'homme eut répercuté en un suave écho sans cesse répété le témoignage donné par Dieu à la Création [14]. » Cet homme capable de dire seulement « cela est bon », n'aurait eu bien sûr aucune connaissance du bien et du mal, ses instants auraient été des instants d'éternité, sans présent ni avenir.

Or par le péché, Adam est entré dans la vie sensible, et il risque ainsi d'être condamné à une vie de l'instant, à une vie discontinue sans le moindre lien avec le passé et l'avenir : « l'homme qui vit seulement dans l'instant, abstraction de l'éternité, pèche [15] ». Il faut donc réussir à échapper à cet engloutissement dans la vie sensible, qui nous rendrait incapable d'intelligible et d'accéder à une véritable grandeur : il faut réussir à articuler le péché et la conscience du péché. Une telle situation nous fait accéder à l'expérience de l'angoisse qui est à la fois une souffrance et un remède : cette expérience, bien loin d'être destructrice, bien loin d'être le signe d'une insuffisance est au contraire une expérience privilégiée qui, en obligeant l'homme à se référer

---

11. *Trois Discours édifiants*, 1844, t. VI, « Souviens-toi de ton créateur pendant les jours de ta jeunesse », (Ecclésiaste, XII, 1), p. 215-216.
12. *Johannes Climacus ou De omnibus dubitandum est, Conte*, t. II, p. 361.
13. *Quatre Discours édifiants*, 1843, « Toute grâce excellente et tout don parfait descendent d'en haut », t. VI p. 117.
14. *Ibid.*
15. *Le Concept d'angoisse*, t. VII, p. 192.

à une transcendance, lui permet de se mettre à l'école de la profondeur. La providence et la rédemption n'apparaissent qu'avec le péché, l'angoisse est une expérience fondamentale, liée à la transcendance, elle nous donne accès à des hauteurs, elle permet d'établir un lien réciproque entre péché et esprit : de l'esprit naît le péché et du péché naît l'esprit. Il y a ici un rôle essentiel joué par la souffrance : le péché est ce qui rend possible et la providence et la rédemption ; le péché est une souffrance atroce, mais rend possible un rachat : la remontée du fond de l'abîme nous rend « plus léger que tout le poids effroyable de la vie [16] ».

On a donc affaire à une situation très paradoxale : on peut dire de l'homme qu'il est « la non vérité, et cela, par sa propre faute [17] » : mais un tel discours, en articulant une absence de connaissance – la non vérité – et la reconnaissance d'une culpabilité – la faute –, rend impossible une conclusion. Nous ne sommes pas dans un ordre intellectuel, où il serait possible d'aboutir à une conclusion grâce à un enchaînement rationnel d'arguments : « La conclusion de la foi n'est pas une conclusion, mais une décision, et c'est pourquoi le doute se trouve exclu [18]. » Une conclusion prétend dépasser une perception et une connaissance immédiate, mais, en même temps, elle est toujours l'objet d'une spéculation difficile, rendant possible un retour au doute et à des formes d'hésitation ; au contraire la foi est le sens du devenir, elle doit prendre en compte ce devenir et jouer ici sur des décisions, qui ne sont pas de l'ordre d'une conclusion intellectuelle, mais qui s'inscrivent aussitôt dans l'ordre de la pratique. La décision n'est pas théorique, elle suppose toujours une action, elle ne peut pas se contenter de rester au niveau d'une spéculation. Et elle va donc mettre en jeu un effort, une persévérance, des qualités pratiques qui sont bien loin du raisonnement théorique.

C'est pourquoi il n'est pas possible d'établir une science du péché : aucun savoir ne peut nous faire accéder ici à une connaissance démonstrative. Le péché n'est pas de l'ordre du savoir, mais seulement objet de sermons, il ne nous renvoie jamais à un domaine théorique mais à l'ordre de la pratique, à des comportements qui sont toujours difficiles, qui peuvent faire l'objet de doutes, qui sont constamment de l'ordre du particulier. L'éthique antique a constamment présupposé que la vertu était réalisable, et elle a par là même radicalement ignoré le scepticisme du péché, qui nous conduit à analyser une pratique, à donner un rôle fondamental aux décisions, sans qu'il soit possible de construire une théorie. Selon Kierkegaard, avoir affaire à un pécheur, c'est avoir affaire à un individu dont les actions posent toujours problème parce qu'on ignore sur quels motifs elles se fondent, et cette ignorance rend impossible une science du péché. Aucun discours général ne peut réussir ici à l'emporter, le discours efficace est celui qui concerne l'individu en tant qu'individu, qui s'adresse à l'individu en tant que tel. C'est pourquoi les sermons sont fondamentaux : c'est bien une parole qui prend un sens très différent pour chacun de ceux qui l'écoutent ; le prêtre qui prononce des

■ 16. Cité par J. Brun, *Introduction au Concept d'angoisse*, t. VII, p. XXVII.
■ 17. *Miettes philosophiques*, t. VII, p. 16.
■ 18. *Ibid.*, p. 79.

sermons n'est ni un professeur, ni un bedeau[19] : il ne doit pas démontrer, mais prêcher, il doit être capable de prononcer un discours qui va éveiller en chaque individu certains sentiments, qui peut éveiller des sentiments très différents en fonction de l'individu à qui il s'adresse, et de l'état de cet individu. Il est essentiel de valoriser ici le sermon : un prêtre qui se prend pour un professeur va trouver au-dessous de sa dignité de prêcher, alors que cette activité est précisément la parole d'un individu qui ne peut être entendue que par un individu.

Il n'y a pas ici la moindre science de l'éthique : le péché ne relève pas de la science, il est seulement l'objet de sermons où la parole d'un individu est entendue par un autre individu. « Le péché ne relève ainsi de l'éthique que dans la mesure où elle échoue sur ce concept grâce au repentir[20] ». Alors que l'éthique antique présuppose que la vertu est réalisable, qu'il faut seulement pour cela avoir des connaissances certaines, que la connaissance à elle seule suffisante, qu'on n'a jamais affaire à une corruption de la volonté, l'éthique chrétienne voit dans la vertu un problème. Pour le paganisme, le péché est à la conscience éthique ce que l'erreur est à sa connaissance, « l'exception particulière qui ne prouve rien[21] ». Au contraire pour l'éthique chrétienne, le péché est un concept sérieux, qu'elle va approfondir en mettant en relation le concept d'angoisse et une analyse du péché héréditaire[22].

Le péché ne relève pas de la science

L'angoisse du païen trouve son objet dans le destin : le tragique n'est pas ici « dans l'ambiguïté de la prédiction de l'oracle mais dans le fait que le païen n'ose se dispenser de le consulter[23]. » Le paganisme ignore le concept de faute et de péché, si ce concept apparaissait, le paganisme s'écroulerait sur lui-même, sur la contradiction où l'on deviendrait coupable par le destin. Réussir à penser le christianisme va supposer de mettre en relation le péché et la providence, l'individu et la faute, et de lier le péché et le temps.

Le péché héréditaire est pris très au sérieux par Kierkegaard : la culpabilité n'est entrée dans le monde que par le péché. Il y a un lien fondamental entre l'angoisse, le pouvoir et la faute. Le premier péché a supposé un saut qualitatif, et il pose ainsi un problème qui est impossible à résoudre sur un mode déductif. Il est absurde de considérer que l'interdiction peut susciter le désir, parce qu'on met alors un savoir au lieu de l'ignorance, on inverse les temps, on donne en présupposé une explication qui ne pourrait intervenir qu'après coup. Adam innocent n'avait devant ses yeux que l'inquiétante possibilité de l'angoisse[24] ; Adam coupable a maintenant intégré en lui le rien de l'angoisse, et ce rien est l'angoissante possibilité de pouvoir. On a donc affaire à une innocence qui est portée au point où elle va s'évanouir, où elle

■ 19. *Le Concept d'angoisse*, t. VII, p. 118.
■ 20. *Le Concept d'angoisse*, t. VII, p. 119.
■ 21. *Ibid.*, p. 121.
■ 22. C'est par cette expression que Kierkegaard désigne constamment le péché originel et met en évidence les paradoxes qu'il recèle.
■ 23. *Ibid.*, p. 197.
■ 24. *Ibid.*, p. 146.

est en rapport à la fois à l'interdiction et au châtiment, où, tout en n'étant pas encore coupable, elle éprouve l'angoisse d'être déjà perdue. L'innocence n'est pas coupable, elle est toujours innocente, et elle éprouve pourtant l'angoisse d'être sur le point de se perdre.

Cette relation à l'angoisse suppose de travailler sur les liens entre le péché et le temps. Si Adam n'avait pas péché, il serait au même instant entré dans l'éternité ; mais dès que le péché est posé, il est vain de vouloir faire abstraction et de la temporalité et du sensible. Le passé qui m'angoisse doit me réserver un possible[25] : si je suis angoissé par un malheur passé, c'est parce qu'il peut se répéter, c'est-à-dire surgir dans l'avenir. Si je suis angoissé par une faute, c'est que précisément elle n'est pas de l'ordre du passé : si elle se situait uniquement dans le passé, jamais elle ne pourrait me donner la moindre angoisse, mais seulement du repentir. Le péché nous fait donc vivre la temporalité comme culpabilité, et la mort comme un châtiment : plus l'homme est élevé, plus la mort est terrible. La foi s'articule ainsi au devenir ; le doute, lui, proteste contre toute conclusion qui veut dépasser la perception et la connaissance immédiates.

Les concepts de péché et de faute permettent ainsi de poser l'individu comme tel, de le considérer comme un individu, et non comme un simple exemplaire de son espèce ; ils analysent l'individu dans sa singularité, sans le mettre en relation avec tout le passé. Parler de destin revient à poser en d'autres termes un problème : on dit seulement que l'individu est coupable, mais qu'il doit le devenir par le destin ; or il n'est jamais question du destin, et l'individu, en devenant coupable, supprime le concept de destin. La philosophie antique qui raisonne en termes de destinée est incapable de penser l'angoisse et le péché ; la philosophie chrétienne ne peut recourir que de façon approximative à la notion de destinée, pour souligner une difficulté bien plus que pour la résoudre. La faute a cette propriété dialectique[26]

> **Le péché se rattache ainsi fondamentalement au désespoir**

d'être intransmissible, mais lorsque nous devenons coupables, nous devenons aussi coupables de ce qui a occasionné la faute, or une faute n'a jamais de cause extérieure, elle renvoie toujours en dernière instance à nous-mêmes : lorsqu'on tombe en tentation, on est soi-même coupable de tentation.

Le péché se rattache ainsi à la fois à Dieu et au désespoir[27]. Le péché est le seul attribut qui ne puisse être attribué à Dieu ni par la voie de la

■ 25. *Le Concept d'angoisse*, t. VII, p. 191.

■ 26. La notion de dialectique, qui est régulièrement utilisée par Kierkegaard, est à penser par différences avec la dialectique hégélienne. Kierkegaard, qui ne cesse de dénoncer l'insupportable optimisme de la réconciliation, refuse toute synthèse, tout mouvement effectuant un progrès, « les flot de niaiseries » des hégéliens sur la médiation (*La Répétition*, t. V p. 20.). Il y a un caractère irréconciliable des expériences du déchirement, nous nous heurtons sans cesse à des paradoxes et à des scandales. La dialectique est un travail du langage, qui prend différentes formes suivant les sphères esthétique, éthique ou religieuse. La dialectique religieuse interdit toute manifestation directe, elle interpose entre les hommes et l'esprit religieux « un rempart secret afin de défendre et de protéger l'intériorité de la souffrance et de son rapport avec Dieu ». (*Post-Scriptum définitif aux Miettes philosophiques*, t. XI, p. 193)

■ 27. *La Maladie à la mort. Un exposé psychologique chrétien pour l'édification et le réveil ;* Deuxième section, « Le désespoir est le péché », t. XVI, p. 233 *sq.*

négation ni par la voie de la transcendance : on blasphème si l'on dit que Dieu n'est pas un pécheur. Kierkegaard s'appuie sur l'ancienne dogmatique qui considérait que l'horreur du péché venait de ce qu'il était devant Dieu et que cela justifiait l'éternité des peines de l'enfer. À cette ancienne dogmatique, s'oppose une dogmatique nouvelle qui se contente d'identifier le péché au péché, de le réduire à sa seule catégorie de péché, et qui considère ainsi que le péché n'est pas plus grand commis contre Dieu que devant Dieu. Or Kierkegaard considère que l'ancienne dogmatique avait raison : le fait d'être contre Dieu élève le péché à la puissance infinie. Sa seule insuffisance, son erreur, est de considérer Dieu comme une chose extérieure, de voir l'interdit comme une loi extrinsèque, de transformer en quelque sorte Dieu en un agent de police. Mais Dieu n'est en rien extérieur à l'homme : on a affaire à une situation conflictuelle, et par là même angoissante, où le moi a l'idée de Dieu, tout en ne voulant pas comme lui, tout en ayant envie de désobéir. Par là même toute faute a une connotation de péché : on ne pèche pas contre Dieu de temps en temps, il n'y a pas certaines fautes qui ont une connotation religieuse : toute faute est péché, parce que toute faute est commise devant Dieu, parce que le coupable a toujours conscience d'être en présence de Dieu. On comprend alors que le péché se rattache au désespoir : le péché n'est pas simplement un égarement de la chair ou du sang, mais c'est le consentement de l'esprit à ce dérèglement. Le péché se rattache ainsi fondamentalement au désespoir : c'est le combat du désespoir, et, les forces épuisées, il faut un nouvel accroissement de puissance, un nouveau retranchement démoniaque dans le for intérieur, et c'est alors le désespoir au sujet du péché. Seule la foi offre ici un secours : elle consiste en ce que le moi, étant lui-même et ne voulant l'être, devient transparent et se fonde en Dieu.

On comprend ainsi que le péché se rattache essentiellement à une détermination de l'individu, et qu'on ne puisse rien comprendre au péché quand on veut en faire une catégorie de l'espèce humaine. Le péché en effet, bien qu'il soit commun à tous les individus, n'est pas une catégorie générale qui pourrait s'appliquer à l'humanité, il ne rassemble pas les hommes sous un concept commun, il ne fait pas des différents individus pécheurs un tout, il ne les rassemble pas en une société ou en une compagnie. L'ensemble des pécheurs est comparé par Kierkegaard aux morts présents dans un cimetière[28] : il y a certes là une foule de morts, mais cette foule ne constitue en rien une société, elle les disperse en autant d'individus qui ont pour seul point commun d'être des pécheurs. Et, en tant que pécheur, l'homme est séparé de Dieu par le plus vertigineux abîme de la qualité. C'est pourquoi le péché est fondamentalement différent de l'ignorance : les Grecs confondent le péché et l'ignorance parce qu'ils n'envisagent que les relations des hommes entre eux ; le christianisme au contraire lie essentiellement l'homme à Dieu, ce qui veut dire que toute erreur devient ainsi un péché[29]. Le christianisme prescrit à chaque individu de croire, en lui laissant toute liberté d'agir à sa guise mais en lui rappelant que le jugement l'attend.

■ 28. *Ibid.*, p. 274.
■ 29. *Deux petits traités éthico-religieux*, t. XVI, p. 129.

Le péché va ainsi supposer que soit mise en place une double relation au temps : relation au repentir qui veut dire que l'individu se reconnaît comme coupable du péché ; relation au devenir en comprenant que le moi est une tâche, et que l'individu ne peut se définir que dans un devenir constant.

Repentir et christianisme

En se reconnaissant comme coupable l'individu pécheur se repent. Mais cette dimension fondamentale du repentir, qui joue un rôle si important dans l'éthique, n'a pu trouver de véritable expression que dans le christianisme. Kierkegaard oppose ici le christianisme au judaïsme, avec la même assurance et la même certitude tranquille que celles qu'on peut trouver chez Pascal : « Le Juif pieux sentait la faute de ses pères peser sur lui, mais beaucoup moins que le chrétien ; le premier, en effet, ne pouvant se choisir lui-même absolument ne pouvait non plus se repentir de la faute ancestrale ; elle « couvait » sur lui et l'accablait ; il succombait sous ce fardeau, soupirait, mais il ne pouvait le soulever ; seul en est capable celui qui se choisit absolument grâce au repentir. L'étendue de la faute croît avec la liberté ; tel est le secret de la félicité ; on fait preuve, sinon de lâcheté, du moins de pusillanimité en refusant de se repentir de la faute de ses pères ; on témoigne, sinon de bassesse, du moins de petitesse et d'un défaut de noble courage [30]. » Et ce repentir, pour pouvoir fonctionner efficacement, doit être inconditionné : de même qu'un enfant bien élevé, est un enfant qui demande pardon, sans examiner longuement s'il a raison ou non, il est toujours disposé à se penser coupable, et il aime ses parents dans son repentir même, de même une âme noble et profonde ne conteste jamais ses torts avec Dieu, et trouve dans le repentir une forme d'amour de Dieu qui l'apaise [31]. Fondamentalement nous devons comprendre qu'envers Dieu nous avons toujours tort ; il y a là une pensée édifiante qui joue pour nous un rôle essentiel. Penser cela, ce n'est justement pas penser que Dieu a toujours raison : si nous reconnaissons que Dieu a toujours raison, et qu'en conséquence nous avons toujours tort, cette pensée ne nous apporte pas la moindre édification : dire que Dieu a toujours raison suppose de se penser en dehors de Dieu, dans des catégories que nous ne pouvons jamais saisir de l'intérieur. Il y a au contraire un retournement fondamental dans la pensée que nous avons toujours tort : « En revanche, quand, sans partir d'une connaissance préalable, tu exiges et as l'assurance d'avoir toujours tort, tu es alors caché en Dieu. C'est là ton adoration, ton culte, ta crainte de Dieu [32]. »

Pour que ce repentir puisse fonctionner, il doit être de l'ordre du ressouvenir et non du rappel : il doit être à la fois fidèle et se produire dans d'heureuses conditions. Le rappel peut être extrêmement fidèle, décrire un événement dans tous ses détails et ne pas comporter le moindre souvenir, parce que la mémoire nous reste étrangère, parce que le rappel ne se produit pas dans d'heureuses conditions. Et pour faire comprendre cette différence fondamentale entre les détails exhaustifs de l'événement et la consécration qui se manifeste

---

■ 30. *L'Alternative*, t. IV, p. 197.
■ 31. *Ibid.*, p. 213-214
■ 32. *L'Alternative*, t. IV, « L'édification apportée par la pensée qu'envers Dieu nous avons toujours tort », p. 313.

dans le ressouvenir, Kierkegaard oppose le vieillard et l'enfant : le vieillard perd la mémoire mais a le ressouvenir, l'enfant a la mémoire mais n'a pas le ressouvenir[33]. On comprend alors le lien entre repentir et ressouvenir : le repentir est le ressouvenir d'une faute, c'est une affaire de conscience et non une affaire de police. La police, nous explique Kierkegaard, endurcit les criminels en leur rendant le repentir plus difficile : à force de leur faire répéter leur vie, les moindres événements de leur curriculum vitae, elle leur donne une grande virtuosité pour débiter de mémoire leur passé. Le passé n'est plus qu'une juxtaposition de faits, certes exacts, mais qui sont décrits comme une pure extériorité, il n'y a plus aucune idéalité du ressouvenir, il n'y a plus aucun travail de la conscience. Un ressouvenir est toujours affaire d'individu, on peut en revanche très bien comprendre que la mémoire admette l'assistance réciproque, que l'on puisse recourir en matière de mémoire à des formes d'aide. C'est pourquoi aussi la faculté de se ressouvenir est la condition de toute activité créatrice, elle seule rend possible un véritable développement spirituel, qui ne peut avoir lieu que dans l'individualité et la subjectivité : « la possession d'un ressouvenir rend plus riche que celle du monde entier[34] ». Mais on comprend alors que le souvenir puisse être également angoissant. Peu après sa rupture avec Régine, Kierkegaard note qu'il est incapable de se souvenir d'elle et il ajoute : « Si elle avait rompu, si la mort nous avait séparés comme elle sépare les amants, je pourrais alors me souvenir de ce qui fut beau et aimable, de tout moment qui fut pour nous plein de bonheur[35] ». Et constatant que dans *La Répétition*, il n'est pas sorti de l'esthétique, que le conflit où un homme devient poète grâce à une jeune fille qu'il ne peut épouser relève de l'esthétique, il ajoute : « Le héros esthétique est grand par son *triomphe* ; le héros religieux par sa *souffrance*. Sans doute le héros tragique souffre aussi, mais tout en triomphant dans l'extérieur[36] ». Le héros tragique reste dans le domaine esthétique, seule la conscience religieuse nous fait passer à un autre stade.

On comprend alors le rôle décisif qui peut être joué par le souvenir de la faute : « La conscience de faute est l'expression décisive du pathos existentiel par rapport à une félicité éternelle. Dès qu'on supprime celle-ci la conscience de faute disparaît aussi complètement ; ou elle tombe dans les notions enfantines, au niveau des appréciations d'un carnet scolaire[37] ». Nous ne comprenons rien au statut de la faute quand nous raisonnons comme des gentils petits garçons, ou quand nous invoquons une indulgence générale, sous prétexte que nous vivons tous la même culpabilité. Nous avons affaire ici à la justice de Dieu et non à la justice des hommes : si « la justice humaine ne condamne à perpétuité qu'à la troisième récidive [...] l'éternité juge pour toujours dès la première fois[38] » : jamais nous ne serons comme des bêtes de somme qu'on peut débarrasser de leurs harnais, nous sommes à jamais

■ 33. *In vino veritas*, t. IX, p. 10.
■ 34. *Ibid.*, p. 19.
■ 35. *Stades sur le chemin de la vie, Études par divers auteurs*, « Coupable ? – Non coupable ? Une histoire de la souffrance », t. IX p. 322.
■ 36. *Ibid.*, p. 418.
■ 37. *Post-Scriptum définitif et non scientifique aux Miettes philosophiques*, t. XI, p. 218.
■ 38. *Ibid.*

attelés au collier de la faute. Le ressouvenir éternel doit ici être pensé bien plus comme un collier que comme une chaîne : la chaîne du prisonnier est l'image de la liberté perdue, alors que le ressouvenir éternel de la faute est un fardeau que nous traînons constamment avec nous.

C'est pourquoi nous ne devons jamais prétendre en finir avec le repentir : il ne faut surtout pas confondre l'impatience et le repentir. L'impatience fait rage, elle pleure et elle sanglote, mais ses pleurs ne sont jamais ceux du repentir, mais seulement ceux d'une illusion qui prétend vider d'un coup toute l'amertume de la tristesse, qui veut se débarrasser de la faute et fuir tout ce qui la rappelle. Ce repentir qui prétend oublier après quelque temps la faute est encore une forme d'impatience qui se nourrit de la pensée illusoire qu'il veut éviter tout retard dans le bien. Là encore nous devons apprendre à raisonner sous l'angle de l'éternité : pour l'éternité il n'est pas vrai que la faute cesse d'être une faute, même si un siècle s'écoule, le prétendre c'est confondre l'éternel et ce qui lui ressemble le moins : l'oubli humain.

Le rôle du devenir

Mais si nous n'en avons jamais fini avec le repentir, nous ne devons pas pour autant oublier le rôle du devenir. Il faut toujours nous situer dans plusieurs temps à la fois et, au lieu de prétendre vivre seulement dans le présent, nous devons constamment articuler le passé, le présent et l'avenir. Penser le devenir, c'est être capable de penser un mouvement dans le présent, et pas une sorte d'avenir qui serait totalement éloigné du présent. Là encore nous devons articuler le présent et le futur : il n'est pas possible de considérer que le moi est, le moi se pensant comme une tâche n'est pas mais sera : il s'agit de se créer une conscience, il s'agit de se considérer comme un être existant, comme un penseur subjectif qui est dans un devenir constant [39]. C'est rattacher très profondément le moi et le temps et voir dans cette relation une tâche, un effort qui doit être constamment accompli par le moi : « Il n'y a pas de vérité qui soit vérité si on la prend indépendamment de l'effort de l'être existant pour la penser et du temps pendant lequel s'exercera cet effort [40]. » On peut alors articuler nos trois sphères d'existence : esthétique, éthique et religieuse : la sphère esthétique est la sphère de l'immédiateté ; la sphère éthique est celle de l'exigence tellement infinie que l'individu fait toujours faillite, elle n'est donc qu'une sphère de passage, qui trouve sa plus haute expression dans le repentir comme action négative ; seule la sphère religieuse est celle de l'accomplissement, mais non comme lorsqu'on remplit un sac d'or : le repentir a fait une place infinie [41]. Il est clair que ce monopole du devenir dont jouit le christianisme n'a de sens que dans la spécificité de la sphère religieuse définie par Kierkegaard : nous

Penser le devenir

39. Voir J. Wahl, *Kierkegaard, L'Un devant l'Autre*, Paris, Hachette, 1998, « Sur quelques catégories kierke-gaardiennes : l'existence, l'individu isolé, la pensée subjective ».

40. *Ibid.*

41. *Stades sur le chemin de la vie, Études par divers auteurs*, « Coupable ? – Non coupable ? Une histoire de la souffrance », t. IX, p. 438.

sommes très loin d'une conception historique du devenir, et de la philosophie de Hegel en particulier…

On comprend alors qu'on puisse analyser un bonheur du châtiment : l'enfant trouve le châtiment cruel, comme toute punition, et espère y échapper. Mais l'adulte a compris qu'intériorité et ressouvenir sont profondément liés, l'adulte a compris que la religiosité comporte la conscience de la faute morale, et qu'il se trouve devant l'angoisse d'une faute totale, en l'individu particulier, devant Dieu et la félicité éternelle. L'adulte aimerait raisonner ici comme un enfant, avoir un désir nostalgique de recevoir des coups, s'imaginer qu'une fois les coups reçus, il est quitte [42]. Mais il sait bien qu'il n'est jamais quitte, que les coups ne suffisent en rien, qu'il va se retrouver en tant qu'individu particulier devant Dieu et la félicité éternelle. C'est dire qu'avoir conscience de la faute est à la fois « un apaisement et un supplice ; elle apaise parce qu'elle exprime la liberté telle qu'elle peut se trouver dans la sphère éthique-religieuse où le positif se reconnaît au négatif, ou la liberté, à la faute, et non à la façon directe de l'esthétique où la liberté se reconnaît à la liberté [43] ». Nous sommes là encore dans l'ordre du paradoxe : l'existant ne peut pas découvrir en lui-même le péché, il l'apprend du dehors : c'est par là que l'identité se trouve rompue, au sens où elle n'indique plus un rapport direct du moi au moi : l'individu cesse de jouer sur une recherche intérieure de lui-même, perd toute illusion introspective, découvre en lui par l'extériorité des éléments qui rendent compte de sa nature. C'est dire que « vis-à-vis de Dieu, tout homme débute avec une dette infinie, même si nous oublions celle que nous contractons chaque jour après notre début [44]. »

La conscience possède une force interne comparable à l'ubiquité de Dieu : on ne peut la limiter à un point particulier sans nier cette ubiquité, on ne peut de même limiter le rapport de conscience à un cas particulier sans nier ce rapport. C'est dire qu'un cœur pur est d'abord un cœur lié, et que tout travail pour délier le cœur en fait un cœur coupable, ce qu'on peut illustrer par la façon dont le Christ a pu regarder Pierre ; le regard du Christ est comparable à celui qu'une mère lance à son enfant, en danger par sa propre imprudence : faute de pouvoir le saisir elle le rattrape d'un regard plein de reproche et salutaire [45].

L'importance de la confession

Ce lien fondamental entre différents temps peut être illustré par l'importance de la confession. Elle seule permet d'articuler le passé et le devenir, elle seule nous offre le chemin pour nous faire trouver Dieu : « Pour qu'un homme puisse comprendre son péché en ce qu'il a d'essentiel, il doit rester seul, lui seul, lui précisément, seul avec le Saint qui sait tout. Cette crainte et ce tremblement

■ 42. *Post-Scriptum aux Miettes philosophiques*, t. XI, p. 232-233.
■ 43. *Ibid.*, p. 219.
■ 44. *Les Œuvres de l'amour, Méditations chrétiennes en forme de discours*, Première série, « III, A. L'amour est l'accomplissement de la loi », t. XIV, p. 94.
■ 45. *Ibid.*, Première série, « IV. Notre devoir est d'aimer les hommes que nous voyons », t. XIV, p. 155.

sont seuls véritables. Il n'est qu'une vraie tristesse : celle qu'éveille en l'homme le souvenir de Dieu, qu'un repentir : celui qui se nourrit de Son amour[46]. »

Or cette temporalité est difficile à vivre parce que le péché ne cesse d'interposer des obstacles, de masquer notre tristesse sous des prétextes quelconques : en nous faisant jouer aussi bien le retard ou l'arrêt que l'égarement ou la perdition. Nous vivons constamment dans l'illusion que le changement est un progrès, qu'en laissant derrière nous une période de notre vie nous devenons plus sages. Mais rien ne nous permet d'identifier changement et progrès : nous pouvons seulement constater un changement. Il ne faut pas confondre la sagesse des années qui met dans l'embarras et la sagesse de l'éternité qui seule édifie. La vieillesse ne nous donne pas une sagesse temporelle : que nous ayons beaucoup changé ne nous permet en rien de penser que nous avons progressé, que nous soyons devenus plus savants, plus moraux, plus soucieux des autres et surtout de Dieu ; le vieillard ne peut parler du temps que comme un jeune homme : avec crainte et tremblement.

Il serait absurde d'objecter à la pratique de la confession l'omniscience divine, et donc de considérer qu'il est inutile de confesser à Dieu ce qu'Il sait déjà. Il faut d'abord interroger l'intérêt de la confession pour le pécheur : il y a un profit à apprendre sur soi-même des choses qu'on ignorait. On gagne beaucoup à approfondir sa vie intérieure, en éprouvant toujours un repentir plus grand, l'oubli ici serait perte et perdition alors qu'on gagne de la vie intérieure lorsqu'on se repent plus profondément de sa faute. C'est dans cette perspective qu'il faut comprendre le rôle de la prière : elle ne change pas Dieu, mais celui qui prie. La confession comme la prière sont pensées avant tout dans leur rapport à Dieu : l'une comme l'autre n'apprennent rien à Dieu, elles permettent au croyant de faire un travail fondamental sur lui-même, à travers un examen de conscience ou la crainte et le tremblement de la prière, de lui faire prendre conscience de lui-même comme individu, et d'exiger ainsi de lui « cette même conscience dans la vie quotidienne[47]. »

C'est pourquoi le repentir joue un rôle fondamental : un seul pécheur qui se repent importe plus au ciel que quatre-vingt-dix-neuf justes. Mais cela suppose un travail de la conscience, travail qui est long et difficile. La conscience est ainsi faite que le procès-verbal suit immédiatement chaque faute et qu'il incombe au coupable de le rédiger. Mais le rapport n'est pas clair, il est écrit à l'encre sympathique et « il ne devient vraiment lisible que lorsqu'on le présente à la lumière de l'éternité, quand celle-ci procède à la révision des consciences[48]. »

Le repentir joue un rôle fondamental

Or comprendre cette importance de la confession suppose de voir à la fois que la confession concerne toujours un individu, et qu'elle permet ainsi de comprendre l'importance du péché. Une confession est toujours individuelle :

■ 46. *Trois discours sur des circonstances* supposées, « À l'occasion d'une confession », t. VIII., p. 24.
■ 47. *Discours édifiants à divers points de vue*, Première partie, Un discours de circonstance, III, t. XIII, p. 145.
■ 48. *La Maladie à la mort. Un exposé psychologique chrétien pour l'édification et le réveil*, t. XVI, p. 277.

elle ne se rattache jamais à un naufrage commun de l'humanité, l'individu y est interrogé comme individu, et « sur chaque particularité de sa vie[49]. » On ne confesse jamais de mérites ou de grandes actions, mais seulement des péchés. Se confesser, c'est prendre conscience de n'avoir absolument aucun mérite, c'est découvrir toutes les illusions dont nous nous sommes parés en tant qu'individu. C'est pourquoi le travail de la confession s'inscrit dans une longue durée, dans une interrogation aussi permanente qu'angoissante : elle suppose à la fois d'avoir conscience d'être un individu, pour se retirer de faux mérites qui n'appartiennent pas à l'individu, de comprendre que ce qu'on appelle des hauts faits sont en réalité des illusions et des chimères, mais aussi d'accomplir ce travail en permanence dans la vie quotidienne : nous devons rendre compte comme individu de la manière dont nous avons vécu en tant qu'individu. Cette conscience quotidienne est absolument nécessaire pour que la confession ne nous enferme pas dans des mensonges, comme si un simple particulier, qui n'a jamais été roi, prétendait rendre compte, à Dieu et à lui-même, de sa vie de roi.

La confession se rattache ainsi à l'écoute attentive de la parole de Dieu, à ce paradoxe fondamental : la parole de Dieu semble extérieurement toujours la même, nous faisons constamment au cours des cérémonies les mêmes lectures, et cependant elle n'est jamais composée de vérités indifférentes, mais seulement de vérités soucieuses, qui doivent nous éveiller au souci de nous-mêmes. La parole de Dieu n'est pas source de paix et de tranquillité, elle est source de souffrance, elle doit éveiller en nous le sens de la faute, et un souci permanent à son sujet, elle doit être en nous comme une écharde dans la chair.

L'écharde dans la chair

Ce thème de l'écharde dans la chair est d'abord une façon de mettre en évidence l'importance de la souffrance, de nous rappeler qu'est maudit celui « qui veut être dispensé de la souffrance ! », que celui « qui veut édifier sans connaître l'effroi […] ne sait pas ce qu'il veut[50] ! » L'écharde dans la chair est le contraire de l'ineffable félicité de l'esprit, et cette opposition ne peut pas être posée dans l'extérieur : on ne saurait imaginer que des souffrances, des chaînes ou de l'incompréhension puissent délivrer un apôtre de l'écharde, on ne saurait pas plus imaginer que le succès complet de la doctrine et la victoire la foi puissent pallier sa nostalgie[51]. Pour expliquer ce rôle de l'écharde, Kierkegaard analyse un vieux livre de piété où il est noté que Dieu en use avec nous comme un chasseur avec un gibier : il « le poursuit jusqu'à l'épuiser, puis lui donne un peu de relâche pour lui permettre de rassembler de nouvelles forces et il reprend la poursuite[52] ». C'est dire que la lecture de la parole de Dieu est nécessairement une source de souffrance parce qu'elle nous met en présence de la faute, et qu'elle nous en donne un souvenir permanent. Il y a ici une lecture individuelle de la parole de Dieu

■ 49. *Discours édifiants à divers points de vue*, Première partie, Un discours de circonstance, III, t. XIII, p. 143.
■ 50. *Discours édifiants*, « L'écharde dans la chair », t. VI, p. 307 et 313.
■ 51. *Ibid.*, p. 306.
■ 52. *Ibid.*, p. 313.

qui est tout aussi indispensable que fondamentale, et qui est fort rarement pratiquée dans la chrétienté. La grande majorité des chrétiens ne lit jamais la parole de Dieu, une petite minorité « la lit d'une manière plus ou moins savante, c'est-à-dire ne la lit pas, mais regarde le miroir[53] ». Les uns voient dans la parole de Dieu « un livre antique et suranné que l'on met de côté » ; les autres y voient « un ouvrage ancien extrêmement remarquable, sur lequel on exerce avec un zèle stupéfiant sa perspicacité, ses facultés… en regardant le miroir[54]. » Ces lecteurs qui spéculent théoriquement, qui recherchent des gloses subtiles pour comprendre le texte, qui masquent la question sous des ruses intellectuelles sont comparés par Kierkegaard à des écoliers qui appliquent sous leur veste une ou plusieurs serviettes quand ils doivent recevoir le bâton[55] : comme les écoliers, les érudits interposent des palliatifs entre la parole et leur conscience, ils admirent la beauté du miroir alors qu'ils devraient commencer à se regarder dans le miroir. Pour comprendre la façon dont nous devons nous regarder dans le miroir, Kierkegaard nous donne l'exemple de David. Pour réussir à épouser Bethsabée le roi avait envoyé son mari à la guerre, sur une position fort dangereuse. Il pouvait apparaître alors aux yeux des juifs comme un roi particulièrement sage et valeureux : un roi courageux et digne qui épouse la femme d'un grand guerrier mort pour la patrie. Or un jour un prophète est venu voir le roi et lui a raconté une histoire : « Il y avait dans une ville deux hommes, l'un riche et l'autre pauvre. Le riche avait des brebis et des bœufs en très grand nombre. Le pauvre n'avait rien du tout qu'une petite brebis, qu'il avait achetée ; il la nourrissait, et elle grandissait chez lui avec ses enfants ; elle mangeait de son pain, buvait dans sa coupe, et il la regardait comme sa fille. Un voyageur arriva chez l'homme riche. Et le riche n'a pas voulu toucher à ses brebis ou à ses bœufs, pour préparer un repas au voyageur qui était venu chez lui ; il a pris la brebis du pauvre, et l'a apprêtée pour l'homme qui était venu chez lui. » David écouta cette histoire attentivement et entreprit alors d'en prononcer une critique objective : il en critiqua tel ou tel détail et proposa de remplacer un terme par un autre qui serait plus heureux. Mais le prophète ne lui répondit pas sur le même terrain, il se contenta de lui dire « Tu es cet homme ». Et Kierkegaard ajoute : « Le récit du prophète, c'était une histoire ; mais ce mot : tu es cet homme, c'était une autre histoire – le passage au subjectif[56] ».

On voit ici comment la modalité d'écriture de l'histoire permet d'effectuer un passage au subjectif. David savait bien sûr qu'il est ignominieux de faire périr un homme pour épouser sa femme, il était parfaitement capable de décrire extérieurement une telle faute. Et cependant il n'avait jamais eu conscience d'avoir commis cette faute, et il n'éprouvait aucun remords de son mariage avec Bethsabée. La parole de Dieu restait pour lui une parole extérieure et objective, un texte sur lequel on pouvait gloser, sans être le moins du monde concerné par lui. Il ne connaissait sa faute qu'extérieurement, dans un monde objectif qui ne le concernait pas, qui restait entièrement impersonnel.

53. *Pour un examen de conscience recommandé aux contemporains*, t. XVIII, p. 90.
54. *Ibid.*
55. *Ibid.*, p. 91.
56. *Ibid.*, p. 95.

David, homme pieux et craignant Dieu, avait fait tuer Urie pour épouser sa femme et continuait à vivre comme si de rien n'était. Tant que le discours du prophète est resté impersonnel et objectif, il a pu l'écouter avec plaisir. Nous étions alors dans l'ordre de la culture et du sérieux. C'est seulement lorsque ce discours est devenu personnel, lorsque le prophète s'est adressé à lui individuellement, lui a fait entendre le rôle de la métaphore qu'il avait utilisée, lui a fait comprendre que derrière une histoire générale se dissimulait son histoire à lui, qu'il a pu commencer à l'entendre. Lire la parole de Dieu, c'est toujours la lire comme une parole qui s'adresse à chacun de nous, dans la particularité de nos vies. La parole de Dieu n'est jamais une parole objective, elle n'est jamais une chose impersonnelle : nous n'avons pas affaire à un miroir que nous pourrions admirer, dont nous pourrions avoir envie de modifier ou d'améliorer tel ou tel ornement. Lire la parole de Dieu, c'est comprendre qu'elle prend un sens différent pour chaque lecteur, que sa richesse est qu'elle peut être lue par chaque individu. Ce n'est pas une doctrine objective, qui serait la même de façon uniforme et indifférente ; chaque lecteur qui prend cette parole doit « constamment se dire : c'est à moi qu'elle s'adresse, c'est de moi qu'il s'agit. »

Individu, foi, paradoxe

On peut alors comprendre le paradoxe fondamental de la foi : alors que l'éthique nous fait constamment passer de l'individuel au général, la foi au contraire nous apprend que l'individu est supérieur au général, que l'individu vit un rapport absolu à Dieu, qu'il se rapporte en tant qu'individu absolument à l'absolu.

De ce paradoxe, la spéculation ne peut rien saisir : il est impossible de croire avec la raison. Il n'y a aucune solution théorique à ce paradoxe, nous sommes loin de toute dialectique : la raison ne peut que désespérer, la foi doit, elle, souligner ce rôle de l'invraisemblable, du paradoxe, et par là même elle doit rendre le désespoir décisif « afin que le mouvement de la foi ne se transpose pas dans le domaine de la raison disputeuse [57] ».

Aller à la foi suppose de passer par la possibilité du scandale [58]. On comprend alors le rôle fondamental des épreuves : sur un plan éthique une épreuve est inconcevable « puisque l'éthique est toujours applicable et a ainsi une valeur universelle [59] ». L'épreuve ne peut alors avoir qu'une valeur comique, elle est loin du sérieux de la vie. Au contraire sur un plan religieux nous comprenons qu'il n'y a que l'individu, qu'il n'y a que l'irrégularité et qu'il n'y a que des épreuves. Les esthéticiens vivent dans la jouissance, les éthiciens dans la lutte et la victoire, les religieux dans la souffrance « non comme moment transitoire, mais comme accompagnement permanent [60] ». Ce sont toujours

■ 57. *Post-Scriptum définitif et non scientifique aux Miettes philosophiques*, t. X, p. 216.
■ 58. Voir *L'École du christianisme*, N°. II « Heureux celui pour qui je ne suis pas une occasion de scandale », t. XVII, p. 76 : « Comme le concept de « foi », celui de « scandale » est une catégorie spécifiquement chrétienne se rapportant d'ailleurs à la foi. La possibilité du scandale est un carrefour, elle place devant un carrefour. On s'écarte de la possibilité pour aller soit au scandale, soit à la foi ; mais l'on ne vient jamais à la foi sans passer par la possibilité du scandale. »
■ 59. *Post-Scriptum définitif et non scientifique aux Miettes philosophiques*, t. X, p. 244.
■ 60. *Ibid.*, p. 268.

les trois mêmes modalités du temps que nous retrouvons : vie esthétique de l'instant et de la fugacité, vie éthique de la fidélité, de l'engagement et de la continuité, vie religieuse de l'hétérogénéité du temps et de l'éternité.

L'individu est ainsi la catégorie chrétienne décisive[61]. Loin de toute spéculation, il nous faut comprendre que Dieu et l'homme sont deux qualités séparées par une différence qualitative infinie. « Toute doctrine qui néglige cette différence est sur le plan humain une démence et, sur un le plan divin, un blasphème[62]. »

C'est seulement à cette condition que l'on peut retrouver un véritable christianisme, que l'on peut cesser de réduire le christianisme au paganisme. Nous raisonnons constamment dans l'objectivité et le succès, nous prêchons « sur les événements qui ont suivi la mort de Christ », nous montrons « comment il a triomphé » et « comment sa doctrine a fait la conquête du monde entier[63] ». Nous vivons dans l'illusion d'un succès. Mais c'est de la vie du Christ dont nous devons nous inspirer et non de ce qu'est devenue la chrétienté. Nous voulons maintenir un enseignement et une doctrine, nous avons oublié ce que cela signifie d'être chrétien. Là encore c'est à l'exemple du Christ que nous devons nous conformer, et non au bavardage de ce qui est arrivé après sa mort.

C'est là le dernier mot de Kierkegaard, c'est là ce qui lui permet de penser rigoureusement la situation du chrétien. Si Kierkegaard n'a jamais prétendu avoir mené une vie admirable sur un plan chrétien, s'il est bien trop conscient du rôle joué par les échardes dans la chair pour pouvoir se vanter d'être un chrétien extraordinaire, il prétend en revanche avoir une grande lucidité sur le statut d'un chrétien : « je prétends avoir une vue exceptionnellement claire et précise de ce qu'est le christianisme, de ce que l'on peut exiger d'un chrétien, du sens de l'être chrétien[64]. »

Le christianisme ne peut que nous apporter le tourment, les interrogations qui torturent et non l'assurance d'une paix tranquille et sans problème[65]. Si Kierkegaard a été constamment un auteur religieux, si derrière les travestissements esthétiques on doit toujours trouver une valeur religieuse à ses textes, c'est bien parce que toute son œuvre pose le problème de réussir à devenir chrétien. Mais là encore les choses sont difficiles, là encore on peut retomber dans un modèle esthétique : cet auteur chrétien a dû pratiquer une forme d'écriture chrétienne, et donc bien éloignée de tout modèle esthétique : « au cours de ma carrière littéraire, j'ai constamment eu besoin du secours de Dieu afin de m'acquitter de mon travail comme d'un simple devoir ; pour cela je me suis assigné chaque jour des heures déterminées en dehors desquelles je me suis interdit d'écrire ; [...] j'ai vécu comme un secrétaire à son bureau[66] ».

Là encore, on peut mettre en relation les trois stades : l'esthète et l'esthéticien vivent dans un déroulement linéaire du temps, l'un s'abandonnant

61. *Point de vue explicatif de mon œuvre d'écrivain*, t. XVI, p. 97.
62. *La Maladie à la mort. Un exposé psychologique chrétien pour l'édification et pour le réveil*, t. XVI, p. 279.
63. *L'École du christianisme*, N° II « Heureux celui pour qui je ne suis pas une occasion de scandale », t. XVII, p. 100.
64. *La Neutralité armée ou ma position comme auteur chrétien dans la chrétienté*, t. XVII, p. 244.
65. J. Brun, *Introduction à Crainte et tremblement*, t. V, p. XXI.
66. *Point de vue explicatif de mon œuvre d'écrivain*, t. XVI, p. 49.

voluptueusement à chaque moment, l'autre cherchant à maîtriser cette succession. Le croyant au contraire ne tient pas compte du temps, il lutte contre le temps[67]. C'est pourquoi son rapport au temps est constamment complexe et ne peut recourir qu'à des formes paradoxales qui se traduisent en vivant plusieurs temps à la fois, en jouant sur toutes les formes de temporalité,

Le croyant lutte contre le temps

dans l'angoisse d'un temps que nous ne maîtrisons pas, dont l'ordre est constamment brouillé pour nous. Il n'y a pas un ordre linéaire du temps que nous pouvons vivre dans une continuité ou dans une discontinuité ; constamment sont présents à la fois plusieurs temps, et c'est dans le croisement de ces temporalités, dans l'angoisse de leurs relations, dans la difficulté de vivre plusieurs temps à la fois que se vit la complexité d'une mémoire religieuse, mémoire qui s'articule autant aux passés qu'à une croyance en l'avenir. Elle ne peut être réduite ni à l'instant, en abolissant toute durée, comme le fait l'esthéticien, ni à une image de l'éternité, comme le voudrait l'éthicien. Elle est le signe même de la condition difficile de l'homme, de la prise du péché, de l'angoisse du salut ; elle est le signe aussi des insuffisances de la raison : notre rapport au temps se doit de rester un rapport purement subjectif, dans la difficulté des paradoxes, dans une mémoire faite de souvenirs qui ne prétendent jamais atteindre une vérité historique transcendante. Tant que nous sommes du côté de la subjectivité, nous savons que « si Christ revenait parmi nous, il serait encore crucifié[68] », nous savons aussi que l'histoire d'Abraham est profondément incompréhensible, qu'elle contient fondamentalement un paradoxe, paradoxe qui peut transformer un meurtre en acte sacré et agréable à Dieu, paradoxe par lequel Abraham recouvre Isaac, paradoxe que ne peut réduire aucun raisonnement, « parce que la foi commence précisément là où finit la raison[69]. » Il n'y a donc aucune place du côté de l'objectivité pour penser la religion : c'est seulement dans les paradoxes d'une mémoire religieuse que nous pouvons en avoir une approche, que nous pouvons saisir tout ce qui sépare la foi de la raison. Seule la mémoire subjective peut ainsi offrir un chemin d'accès à Dieu, en jouant à la fois sur une tension constante avec la raison, et sur la souffrance permanente de notre recherche de Dieu.

Barbara de Negroni
Professeur de philosophie, Lycée Blanqui, Saint-Ouen

■ 67. J. Brun, *Introduction à* Crainte et tremblement, t. V, p. XXIV.
■ 68. *Discours Chrétiens*, III, « Pensées qui blessent dans le dos – pour l'édification », 6, « Il y a pourtant une félicité à souffrir l'insulte pour une bonne cause », t. XV, p. 215.
■ 69. *Crainte et tremblement*, t. V, p. 145.

DOSSIER

La mémoire

FORME ET MATIÈRE INFORMATIQUES
Le concept de mémoire
et ses réalisations physiques

Didier Lommelé et Baptiste Mélès

Nous sommes entourés de machines dont une composante tire son nom d'une faculté cognitive du vivant. Les ordinateurs possèdent en effet une ou plusieurs « mémoires » : mémoire morte, mémoire vive, registres du processeur, disques durs, cartes mémoire, clefs USB, etc. Quelle est la raison d'être de la mémoire informatique et à quelles conditions est-elle matériellement possible ? Nous montrerons dans un premier temps que la notion de mémoire dérive de l'idée même d'un traitement de l'information, et qu'elle joue à ce titre un rôle majeur dans les modèles formels de l'informatique. Nous montrerons ensuite comment sont compensés les éventuels biais induits par une réalisation physique. On verra par là même le lien particulier qu'entretiennent en informatique la forme et la matière : si l'inscription dans une matière est possible, c'est dans un matériau quelconque, dont sont systématiquement neutralisées les particularités physiques. La forme est ainsi dégagée par abstraction de la matière dans laquelle elle s'exprime.

Le concept de mémoire informatique

Les ordinateurs, objets non exclusifs mais néanmoins privilégiés de l'informatique [1], possèdent, entre autres composantes, une ou plusieurs mémoires. La mémoire est-elle aussi indispensable à cet outil informatique que l'est le processeur – unité de calcul arithmétique et logique de la machine – ou aussi accessoire, pour ne pas dire futile, que la webcam ? Nous montrerons d'abord que l'existence

---

1. Il existe des cours d'« informatique débranchée », où les concepts fondamentaux de l'informatique sont définis et illustrés uniquement à partir d'objets concrets, sans l'aide d'ordinateurs. Non seulement ces cours favorisent, d'un point de vue pédagogique, la compréhension à partir d'exemples quotidiens, mais d'un point de vue philosophique, ils mettent en lumière la généralité des concepts informatiques. Voir le site http://csunplugged.org/ (consulté le 27 février 2017) pour une grande variété d'actions et d'applications. Quant aux conditions générales de possibilité de l'informatique débranchée, *cf.* B. Mélès, « L'informatique sans ordinateur », *Images des Mathématiques*, CNRS, 2015 (http://images.math.cnrs.fr/L-informatique-sans-ordinateur.html, consulté le 27 février 2017).

d'une mémoire est étroitement liée à la définition de l'informatique comme discipline du traitement de l'information[2].

La principale caractéristique du « traitement » de l'information est qu'il s'agit d'un processus temporel. Non pas *extrinsèquement temporel*, comme l'est minimalement tout objet plongé dans notre monde physique – disons comme une pierre, qui subit certes des événements dans le temps mais dont la temporalité ne dépend pas d'une activité propre. Pas non plus *intrinsèquement intemporel*, comme le sont par exemple les fonctions mathématiques, lorsqu'on les définit, comme on le fait ordinairement après Dirichlet[3], par une relation ou un « graphe », c'est-à-dire lorsqu'on les conçoit comme l'association entre un ensemble d'arguments et un ensemble de valeurs. Le traitement d'information est bien plutôt *intrinsèquement temporel* dans le sens où les algorithmes étudiés en informatique se définissent par le processus qui permet concrètement, étape *après* étape, la transformation des arguments en valeurs[4]. Le traitement d'informations suppose en effet un ordre entre les étapes[5] et la seule façon de mettre en œuvre un ordre naturel dans notre monde sensible est le temps[6]. Ce qui importe n'est pas tant le *fait* binaire qu'une fonction possède telle valeur pour tels arguments, mais la *façon* dont la valeur est engendrée à partir de ses arguments. Le traitement de l'information possède ainsi une temporalité

> **L'informatique est une discipline temporelle par essence**

essentielle – essentielle car déductible de l'idée même de l'existence sensible d'une activité ordonnée. C'est donc par essence et non par accident que l'informatique est une discipline temporelle.

Une autre caractéristique essentielle de l'informatique est le caractère « compositionnel » du traitement de l'information : une même information

2. Le terme français d'« informatique », proposé en 1962 par Philippe Dreyfus, fait écho au terme anglais d'*informatics*, apparu quelques années plus tôt avant de céder la place, dans l'usage, au terme pourtant moins général de *computer science*. Nous ne débattrons pas ici de l'opposition courante entre science et technique.

3. G. Lejeune-Dirichlet, « Über die Darstellung ganz willkürlicher Funktionen durch Sinus- und Cosinusreihen », *Werke*, Berlin, Georg Keimer, 1837 [1880], I, p. 135.

4. *Cf.* H. P. Barendregt, *The Lambda Calculus, its Syntax and Semantics*, College Publications, 2012 [1980], p. 3, qui décrit l'un des modèles théoriques de l'informatique, le lambda-calcul, comme le retour à une conception réputée obsolète, celle des fonctions « comme règles » (définies par leurs caractéristiques calculatoires) plutôt que « comme graphes » (définies comme l'association entre un ensemble d'arguments et un ensemble de valeurs).

5. Cet ordre peut être de commencer par appliquer une fonction avant de calculer ses arguments (évaluation en « appel par nom »), mais il existe une infinité d'autres stratégies possibles où l'on commence par calculer les arguments avant d'évaluer la fonction (évaluation en « appels par valeur »). Voir par exemple G. Dowek et J.-J. Lévy, *Introduction à la théorie des langages de programmation*, Paris, Éditions de l'École Polytechnique, 2006, chap. 2.3 (« Les stratégies de réduction »). Pour un traitement détaillé, voir également H. Barendregt, *The Lambda Calculus, op. cit.*, chap. 13 (« *Reduction strategies* »).

6. L'ordre dans le monde sensible peut être spatial ou temporel : ce sont les deux formes de la sensibilité, c'est-à-dire le référentiel dans lequel des objets peuvent nous être donnés dans l'expérience. On utilise par exemple un ordre spatial lorsque l'on aligne verticalement les différentes étapes successives d'un calcul ; mais comme on doit accompagner ce mode de représentation d'une convention contingente, qui est de lire les étapes de haut en bas, l'ordre n'est pas naturel. À l'inverse, l'irréversibilité manifeste du temps dans notre expérience commune dote cette forme de la sensibilité d'une relation d'ordre naturelle. Kant érige ainsi l'irréversibilité en axiome du temps : « des temps différents ne sont pas simultanés mais successifs (de même des espaces différents ne sont pas successifs mais simultanés) » ; *cf.* I. Kant, *Critique de la raison pure*, trad. fr. A. Traymesaygues et B. Pacaud, Paris, P.U.F., 1997 [1781¹], p. 61, AK III 58, AK IV 36, A31/B47.

peut être la sortie d'un processus (la valeur d'une fonction) et l'entrée d'un autre (l'argument d'une fonction). Ainsi, non seulement chaque étape du traitement d'information, prise isolément, est temporelle – car orientée temporellement d'une entrée vers une sortie – mais la suite des traitements d'informations est ordonnée temporellement. Une conséquence importante de la compositionnalité du traitement de l'information est que, à moins de recalculer chaque information à chaque fois que l'on en aura besoin, le moment où l'on obtient une information ne coïncide généralement pas avec celui où elle nous est utile. Supposons par exemple que l'on veuille calculer le résultat de $(3 + 2)(2 + 1)$. Nous devons d'abord calculer $3 + 2 = 5$, ensuite calculer $2 + 1 = 3$, mais pour pouvoir enfin multiplier 5 par 3, encore faut-il avoir « retenu » – soit par mémorisation de tête, soit par l'écriture sur un support externe comme le papier –, parallèlement au calcul de la deuxième opération, le 5 qui résultait de la première. Tout calcul non trivial, et plus généralement toute suite non triviale de traitements d'informations, suppose donc de pouvoir, à un moment ultérieur, redemander l'information obtenue antérieurement. Il faut que soit possible une *résurgence de l'information perdue*. La mémoire informatique n'est rien d'autre que la possibilité de cette résurgence.

Comment assurer cette résurgence ? Le moyen le plus immédiat est de s'appuyer sur la permanence d'une substance, typiquement sur la préservation de la matière dans le temps. L'information est alors d'abord codée dans un support, puis préservée dans le temps, enfin décodée depuis le support. Le résultat de ce processus triple – codage, préservation, décodage – doit être identique à l'information initiale. Ainsi, la permanence du support est, à codage et décodage près, l'*analogue* de l'identité entre l'information initiale et l'information terminale[7]. C'est ce qui se passe, par exemple, lorsque j'écris une retenue en calculant une addition ou lorsque je prends des notes sur un discours : la stabilité de l'encre est l'incarnation sensible de l'identité logique entre le contenu que j'écris et celui que je lirai plus tard. La mémoire informatique est ainsi, d'un point de vue conceptuel, le garant de l'identité de l'information dans le temps. La raison d'être de la mémoire informatique tient donc à l'idée même d'une discipline du traitement de l'information. Comment cette nécessité conceptuelle se traduit-elle d'un point de vue formel ?

Modèles formels de la mémoire informatique

Ce que montre l'analyse conceptuelle peut aussi être révélé par l'étude des modèles formels de l'informatique. Machines de Turing, lambda-calcul

---

■ 7. On pourrait dire, en termes algébriques, que la mémoire est le *conjugué* de l'identité entre les informations initiale et terminale. Appelons en effet *C* la fonction de codage, *M* la fonction de mémoire, *D* la fonction de décodage ; selon l'usage, on appellera *I* la fonction identité. Le modèle de mémorisation le plus simple est celui où la fonction de mémoire préserve le message codé à l'identique, comme dans le cas de l'écriture sur un matériau fixe ($M = I$) ; dans ce cas, il faut et il suffit que le décodage soit la fonction inverse du codage ($D = C^{-1}$) pour que le message restitué soit identique au message initial ($DMC = DIC = DC = C^{-1} C = I$). Plus généralement, la mémoire pourrait très bien ne pas préserver le message à l'identique, mais il faudrait alors que le décodage soit la fonction inverse, non du seul codage, mais plus précisément du codage suivi de la fonction de mémorisation ($D = (CM)^{-1}$). Ce peut être le cas si l'on écrit sur un matériau instable, mais dont on puisse anticiper l'évolution afin d'en compenser les effets.

de Church, fonctions récursives de Herbrand et Gödel, machines de Post, etc. [8] sont autant de modèles proposant une formalisation de ce que le langage courant appelle « calculer ». Quoique différents dans l'esprit, ils sont logiquement équivalents : tout ce qui est calculable dans l'un est calculable dans les autres. Si, comme nous l'avons montré plus haut, l'existence d'une mémoire est essentielle à l'informatique, on est en droit d'attendre que chacun de ces modèles lui réserve une place.

Le fait est presque trivial pour les machines de Turing. Chacune de ces machines de pensée possède un nombre fini d'états possibles et un ruban arbitrairement long découpé en cases, dont chacune peut contenir un et un seul symbole. La machine est capable de se déplacer à un endroit quelconque du ruban pour y lire et y écrire un symbole. Elle est munie d'un programme qui, en fonction de l'état dans lequel se trouve la machine et du symbole actuellement situé sous la tête de lecture, écrit un symbole, se déplace sur le ruban et modifie l'état de la machine. Turing montre par des arguments informels – on ne saurait faire mieux [9] – que tout ce qui est effectivement calculable par un être humain l'est par une machine de ce type, convenablement programmée : « ce que j'affirme, c'est que ces opérations englobent toutes celles qui peuvent être utilisées pour calculer la valeur d'un nombre » (§ 1). Les machines de Turing proposent donc un modèle formel pour traiter de ce que c'est généralement que calculer. Les machines de Turing sont-elles douées d'une mémoire ? La manifestation la plus évidente est le ruban, « analogue au papier qu'utilise l'homme », puisqu'il s'agit d'un support préservant l'information entre le moment où elle est écrite et celui – distinct et ultérieur – où elle est lue. Mais chaque case ne contenant qu'une information atomique, notée par un symbole unique, il convient d'y ajouter les états de la machine : « la machine peut garder trace de certains des symboles qu'elle aura vus (*inspectés*) précédemment en modifiant sa *m*-configuration [c'est-à-dire son état] » (§ 1). C'est seulement par ce biais que la capacité en mémoire de la machine peut dépasser le nombre forcément restreint des symboles de l'alphabet et qu'il devient possible de mémoriser des « mots », c'est-à-dire des suites

> **Les machines de Turing sont-elles douées d'une mémoire ?**

de symboles (une phrase ou un texte étant un cas particulier de « mot »). La machine de Turing contient ainsi une mémoire analogue aux « états mentaux » (§ 9) de l'« homme en train de calculer » et une mémoire analogue au papier sur lequel il trace les symboles relatifs aux étapes intermédiaires

■ 8. A. Turing, "On computable numbers, with an application to the Entscheidungsproblem", *Proceedings of the London Mathematical Society*, série 2, vol. 42, 1937 ; trad. fr. J. Basch *in* A. Turing et J.-Y. Girard, *La Machine de Turing*, Paris, Seuil, 1995, p. 47-102. A. Church, "An Unsolvable Problem of Elementary Number Theory", *American Journal of Mathematics*, vol. 58, 1936, p. 245–263. Plus généralement, voir les textes de Gödel, Church, Turing, Rosser, Kleene et Post réunis dans M. Davis (éd.), *The Undecidable. Basic Papers on Undecidable Propositions, Unsolvable Problems and Computable Functions*, Hewlett (New York), Raven Press, 1965.
■ 9. Il s'agit en effet de montrer l'adéquation entre une notion mathématiquement précise – celle de machine de Turing – et une notion informelle du langage courant – celle de « calcul ».

de calcul [10]. C'est l'association de ces deux mémoires qui permet le calcul [11]. Ajoutons à cela une troisième forme de mémoire, qui contient la méthode à suivre ; dans un article ultérieur, Turing évoque le « livre de règles » dans lequel le calculateur humain lit les opérations à effectuer [12]. Le modèle de calculabilité fourni par les machines de Turing comporte ainsi trois formes de mémoire : la mémoire des traces intermédiaires du calcul, celle des étapes déjà traversées et celle des instructions à effectuer. Chacune de ces trois mémoires situe le calcul dans sa temporalité propre : son présent (la case actuellement lue), son passé (les résultats des calculs déjà effectués) et son futur (l'ordre des calculs restant à effectuer).

Si l'existence d'une mémoire est particulièrement manifeste – et même revendiquée – dans les machines de Turing (ou de Post), on pourrait douter qu'il en aille de même de tous les modèles de calculabilité. Où trouver une mémoire, en particulier, dans le « lambda-calcul » d'Alonzo Church ? Ce formalisme permet d'exprimer les fonctions par des formules qui, à une variable, par exemple x, associent une expression contenant potentiellement cette variable, par exemple $x + 1$. L'évaluation des fonctions est, dans ce système, exprimée par des substitutions. Par exemple, évaluer la fonction précédemment citée en l'argument 3, c'est remplacer x par 3 à l'intérieur de l'expression $x + 1$, et donc obtenir $3 + 1$. À quel moment, dans ce processus de calcul, avons-nous fait usage d'une quelconque mémoire ? L'équivalence entre machines de Turing et lambda-calcul, démontrée par Turing dans l'appendice du 28 août 1936 à son article, montre qu'il est possible de concevoir une machine de Turing pour chaque terme du lambda-calcul et inversement que chaque machine de Turing est simulable par un lambda-terme ; mais elle ne garantit pas que cette équivalence globale se traduise localement par une équivalence des concepts et qu'il existe une mémoire en lambda-calcul. On pourrait trouver un codage dans lequel le ruban serait représenté par une suite de lambda-termes respectant un format donné, les opérations effectuées sur le ruban étant quant à elles représentées par la suite des fonctions agissant sur ces termes [13]. Cela ne suffit pas à montrer en toute généralité l'existence d'une mémoire en lambda-calcul – sauf si l'on s'avise précisément que ce codage du ruban n'est possible qu'à condition de voir d'abord le lambda-terme lui-même comme une mémoire, et la suite des substitutions – c'est-à-dire des évaluations de fonctions – comme l'ensemble

---

■ 10. De même que « le comportement d'un homme en train de calculer est à tout instant déterminé par les symboles qu'il observe et par son « état mental » du moment » (§ 9), de même « à chaque instant, la liste des comportements possibles de la machine est entièrement déterminée par sa m-configuration […] et le symbole inspecté » (§ 1).

■ 11. J.-Y. Girard, « La machine de Turing : de la calculabilité à la complexité », in A. Turing et J.-Y. Girard, *La Machine de Turing, op. cit.*, p. 36 : « En termes d'informatique plus moderne, on reconnaît dans le ruban une mémoire très rudimentaire […]. On reconnaît de même dans les états une pile opérationnelle servant à mémoriser une information ».

■ 12. A. Turing, "Computing Machinery and Intelligence", *Mind*, vol. 49, 1950, p. 433-460, § 4 ; trad. fr. P. Blanchard in A. Turing et J.-Y. Girard, *La Machine de Turing, op. cit.*, p. 133-175. Dans cet article, le modèle de machine décrit n'est pas tant celui de « machine de Turing » que de « machine de Von Neumann ».

■ 13. Voir sur ce sujet le support de l'exposé de Pablo Rauzy, « Le lambda-calcul comme modèle de calculabilité » (https://www.irif.fr/~carton/Enseignement/Complexite/ENS/Redaction/2009-2010/pablo.rauzy.pdf, consulté le 27 février 2017) ainsi que D. Lommelé, *Mémoires informatiques*, mémoire de Master 2 de Philosophie et épistémologie, Université de Lorraine, 2016, chap. 2.

des manipulations de cette mémoire. L'existence d'une mémoire, non moins essentielle au lambda-calcul qu'aux machines de Turing, est indépendante du modèle de calculabilité que l'on adopte et liée à l'idée même de traitement de l'information. Aussi retrouve-t-on des formes de mémoire dans tous les langages de programmation, qu'ils s'apparentent aux machines de Turing (langages impératifs comme l'assembleur, C, C++ et Java) ou au lambda-calcul (langages fonctionnels comme le Lisp pur, Caml, Haskell et Coq).

Essentielle aux modèles abstraits de la calculabilité qu'utilisent les logiciens et mathématiciens, la mémoire se retrouve naturellement au cœur du modèle formel des ordinateurs, les « architectures de Von Neumann », conçues par John Von Neumann, John Presper Eckert et John William Mauchly dans le rapport sur la machine EDVAC[14] (1945-1949). Avant de décrire la machine, le signataire du rapport écrit d'entrée de jeu : « Il convient d'observer [...] que l'appareil produira en général considérablement plus de contenu numérique (afin d'atteindre les résultats) que les résultats (finaux) mentionnés » (§ 1.3). Ainsi, outre les unités arithmétique et logique (CA et CC), respectivement responsables des calculs mathématiques et de l'orientation dans les étapes de l'algorithme – et qui comprennent elles-mêmes une forme spécifique de mémoire, les « registres » où sont stockés les opérandes et résultats des calculs élémentaires –, la machine doit posséder une « mémoire » M. « Tout appareil destiné à effectuer de longues et complexes suites d'opérations (en particulier de calculs) doit posséder une mémoire considérable » (§ 2.4) afin de retenir toutes sortes d'informations : les « résultats intermédiaires (partiels) », les « instructions qui régissent un problème complexe », les « tables » de calculs (tables de logarithmes, etc.), les « conditions initiales et conditions aux limites » des équations différentielles, etc. La mémoire joue ainsi des rôles très divers, mais « quoiqu'il soit manifeste que les différentes parties de cette mémoire doivent remplir des fonctions différant quelque peu en nature et considérablement par leurs objectifs, il n'en est pas moins tentant de traiter la mémoire tout entière comme un seul organe et même de faire que ses parties soient aussi interchangeables que possible pour les différentes fonctions précédemment énumérées » (§ 2.5). Von Neumann unifie ainsi les fonctions de la mémoire qui restaient séparées dans les machines de Turing et consacre l'usage du mot de « mémoire » en informatique, par une analogie revendiquée avec la faculté animale correspondante : « les trois parties spécifiques CA, CC (formant un tout, C) et M correspondent aux neurones *associatifs* dans le système nerveux humain » (§ 2.6)[15]. C'est donc par analogie avec le vivant que la fonction de rétention d'information, essentielle

---

■ 14. J. Von Neumann, "First Draft of a Report on the EDVAC", 30 juin 1945, contrat n°W-690-ORD-4926 entre l'United States Army Ordnance Department et l'University of Pennsylvania, Moore School of Electrical Engineering, University of Pennsylvania.

■ 15. Von Neumann cite explicitement (§ 4.2) l'article de Warren S. McCulloch et Walter Pitts, "A Logical Calculus of the Ideas Immanent in Nervous Activity", *Bulletin of Mathematical Biophysics*, 5 (1943), p. 115-133. Poursuivant l'analogie entre ordinateur et système neuronal dans la suite de ce texte, von Neumann décrit les entrées (*input*, I) et sorties (*output*, O) comme correspondant respectivement aux neurones sensoriels et moteurs. Il ajoute également à son modèle un dispositif d'enregistrement externe R qui « possède également les propriétés d'une mémoire » (§ 2.9) : il contient notamment les données initiales et les résultats finaux. *Cf.* également J. von Neumann, *L'Ordinateur et le cerveau*, Paris, Flammarion, 1999 [1958].

à l'informatique en général comme discipline du traitement d'information, a reçu le nom de « mémoire » aussitôt appliquée au calculateur universel qu'est l'ordinateur. Il existe ainsi plusieurs niveaux de mémoire dans le modèle de nos ordinateurs, du très court terme des registres du processeur au très long terme des mémoires de masse [16].

Essentielle à l'idée d'informatique en général, la mémoire joue ainsi naturellement un rôle central dans les modèles formels sur lesquels elle s'appuie. Comment cette exigence formelle de la mémoire se trouve-t-elle physiquement mise en application ?

Réalisations physiques de la mémoire

L'étude des réalisations concrètes de la mémoire informatique nous fait passer du formel au physique, articulation cruciale pour comprendre la spécificité de l'informatique. Il ne faudrait par exemple pas croire que l'informatique est une science *a posteriori*, c'est-à-dire empirique, sous prétexte que ses objets privilégiés, les ordinateurs, ont une existence physique [17] : les phénomènes physiques n'ont bien plutôt leur place en informatique que sous réserve qu'ils respectent un cahier des charges de contraintes formelles, en l'occurrence logiques et mathématiques. Mais l'arbitraire de la mise en application contraste avec la nécessité du concept. De nombreuses techniques rendent possible la réalisation physique de mémoires, pour peu qu'un matériau y soit muni de procédures de lecture et d'écriture. Chacune de ces mises en application peut être vue comme une *interprétation* – concrète et contingente – du concept formel de mémoire. Cet arbitraire laissant une marge à la créativité et au progrès technique, nous décrirons ici deux axes de progrès dans la réalisation physique des mémoires informatiques en prenant l'exemple des supports magnétiques, du phonographe du XIXe siècle au disque dur [18] : on verra d'abord le progrès des matériaux utilisés puis celui des

Von Neumann consacre l'usage du mot de « mémoire » en informatique

16. De nos jours, les ordinateurs et leurs systèmes d'exploitation séparent généralement deux mémoires : la mémoire vive, une mémoire de travail correspondant aux tâches en cours, et la mémoire de masse (disque dur, DVD-ROM, clefs USB, etc.), où sont stockés *sine die* les données et programmes. Mais cette opposition n'a pas toujours existé et pourrait disparaître : L. Bloch, *Les Systèmes d'exploitation des ordinateurs. Histoire, fonctionnement, enjeux*, Paris, Vuibert, 2003.

17. Un argument avancé par exemple par Th. Tymoczko dans "The Four-Color Theorem and its Philosophical Significance", The Journal of Philosophy, 76/2 (février 1979), p. 57-83. L'article confond sous le nom d'*a priori* et d'*a posteriori* ce que Kant distingue soigneusement : une connaissance est objectivement *a priori* ou *a posteriori*, selon que sa vérité dépend ou non d'une expérience particulière (Critique de la raison pure, AK IV 17-18, AK III 27, A2/B1-3), alors qu'elle est subjectivement rationnelle ou historique selon qu'on la possède ex principiis ou ex datis (AK III 540-541, A835-836/B863-864). La possibilité de connaissances rationnelles *a priori* et de connaissances historiques *a posteriori* va de soi. Mais si la notion même de connaissance rationnelle *a posteriori* – connaissance empirique que l'on posséderait sans recours à l'expérience – est contradictoire, il existe bel et bien des connaissances historiques *a priori* ; Kant cite l'exemple des disciples de Wolf, qui récitent son système sans pouvoir reconstruire ses démonstrations. On pourrait également penser à ceux d'entre nous qui savent réciter le théorème de Pythagore mais non le démontrer. Les démonstrations assistées par ordinateur, qu'invoque Tymoczko, ne diffèrent guère de ce dernier exemple.

18. Gardons-nous, naturellement, de considérer l'histoire comme terminée. De nos jours, le disque dur cède de plus en plus souvent la place, sur les ordinateurs personnels, aux « disques » SSD (*Solid-State Drive*), qui reposent sur une technique radicalement différente, plus rapide, moins sensible aux chocs mais moins résistante au nombre de réécritures.

procédures d'accès aux données. Le premier correspond au tissu du ruban des machines de Turing, le second au mécanisme de défilement du ruban[19].

Le premier axe de progrès des mémoires informatiques est celui des matériaux, dont les générations successives ont été soigneusement analysées par François Dagognet : matériaux simples, combinaisons de matériaux, matériaux synthétiques[20]. Les supports magnétiques, prenant le relais de supports purement mécaniques comme le phonographe de l'inventeur et industriel Thomas Edison, sont un exemple de passage de la première génération à la deuxième. Dans le premier article traitant de l'enregistrement magnétique, « *Some Possible Forms of Phonograph* » (1888), l'ingénieur américain Oberlin Smith propose une amélioration mécanique du phonographe, dont il reprend le nom, avant de suggérer l'utilisation d'« impressions magnétiques permanentes pour l'enregistrement du son[21] ».

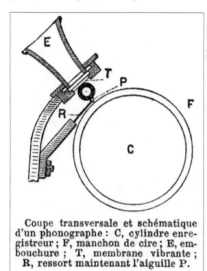

Coupe transversale et schématique d'un phonographe : C, cylindre enregistreur ; F, manchon de cire ; E, embouchure ; T, membrane vibrante ; R, ressort maintenant l'aiguille P.

Coupe tranversale d'un phonographe d'Edison.
© Hervé David, *Dictionnaire du Phono*, hervedavid.fr.

Dans le phonographe d'Edison, l'écriture comme la lecture sont en effet réalisées de façon mécanique, c'est-à-dire exclusivement par le mouvement et la déformation de solides. L'*écriture* a lieu lorsque les vibrations sonores, amplifiées par un pavillon, font osciller, par l'intermédiaire d'une membrane, une aiguille d'enregistrement qui se déplace à une vitesse constante sur un cylindre construit dans un matériau permettant la gravure – l'étain puis la cire : les oscillations de la pointe creusent des sillons dans ce cylindre. La *lecture* de ces sillons suit un procédé symétrique : une membrane, mise en oscillation par une aiguille de lecture, elle-même soumise aux aspérités du cylindre qu'elle parcourt, produit un son amplifié par un pavillon. Dans ce procédé mécanique, on voit concrètement à l'œuvre deux sous-procédures d'écriture – inscription dans le matériau, défilement du support – que les machines de Turing expriment en toute généralité : l'inscription d'un symbole dans une case du ruban, le déplacement sur le ruban.

S'il propose dans un premier temps une amélioration mécanique de ce dispositif[22], Smith rompt ensuite avec cette approche en proposant, dans la

---

■ 19. On trouvera des analyses plus détaillées dans D. Lommelé, *Mémoires informatiques, op. cit.*
■ 20. F. Dagognet, « Matériaux », *Encyclopædia Universalis*, 1989 (http://www.universalis.fr/encyclopedie/materiaux/, consulté le 27 février 2017).
■ 21. O. Smith, "Some possible forms of phonograph", *Electrical World*, n° 12 (8 septembre 1888), p. 116-117.
■ 22. L'amélioration mécanique du système proposée par Smith est triple : il augmente la force de pénétration de l'aiguille par l'adjonction d'un bras de levier, joue sur la résistance du matériau en le chauffant avant gravure et opte pour un support linéaire (un fil) plutôt qu'un support cylindrique (un rouleau). Le matériau doit prioritairement permettre le sous-processus d'inscription, et être ici à la fois suffisamment souple (ou

seconde partie de l'article, l'utilisation d'une tête magnétique pour l'inscription et la lecture des signaux[23]. Alors que le phonographe d'Edison confie la possibilité de l'inscription aux propriétés du matériau et le défilement du matériau à la forme du support – à la condition d'une compatibilité du premier au second – Smith propose de confier ces deux sous-procédures à deux matériaux différents : un premier matériau possédant des propriétés nécessaires au défilement (les propriétés mécaniques de solidité et de souplesse), un second matériau possédant des propriétés propices à l'inscription (les propriétés magnétiques).

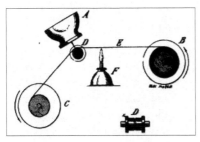

Enregistrement sur fil d'acier chauffé,
par pointe métallique.

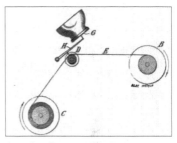

Enregistrement sur fil d'acier,
par pointe métallique sur bras de levier.

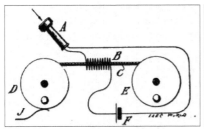

Enregistrement sur fil d'acier,
par procédé magnétique.

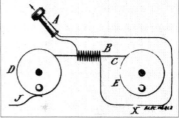

Restitution sonore depuis un fil d'acier,
par procédé magnétique.

© Oberlin Smith, « Some possible forms of Phonograph », *The Electrical World*, 1888.

La solution proposée ne consiste donc plus à réaliser un support-mémoire dans un matériau unique mais à combiner des matériaux. Cette combinaison de matériaux est une première étape de progrès des matériaux, radicalisée plus tard par ce que le philosophe François Dagognet appelle les « matériaux composites », qui « associent deux éléments différents (par leur nature, leur forme et leur fonction), de telle façon que l'union dépasse la somme des

susceptible d'être assoupli par chauffage) pour être imprimé et suffisamment rigide pour éviter ruptures et déformations excessives. La capacité de défilement est quant à elle reportée sur la forme donnée au support : le fil permet, contrairement au cylindre du phonogramme, un défilement compatible avec un chauffage local. Encore faut-il que le matériau permette, mécaniquement, la réalisation de cette forme, car à ce stade de l'article, l'approche du matériau reste mécanique.

■ 23. Nous savons aujourd'hui, qu'en l'état, le système proposé par Smith était voué à l'échec. Un tel bobinage ne peut en effet garantir des variations magnétiques, modulées par le signal électrique, suffisamment petites. Or la largeur minimale de magnétisation doit au moins être égale à la moitié de la plus petite longueur d'onde à reproduire, ce qui correspond à la plus haute fréquence du signal.

unités ». Là où Smith imagine deux matériaux regroupés en un support commun, une forme qui les assemble, les matériaux composites regroupent deux propriétés en un matériau unique. Ne plus penser une multiplicité de matériaux, mais les englober dans un unique matériau composite, aux propriétés multiples, *euphémise*, c'est-à-dire atténue, le rôle du support devant celui d'un matériau devenu fonctionnel, et déporte en conséquence le lieu de l'écriture. La complexité se trouve ainsi reléguée de la forme à la matière. On passe d'une écriture *sur* un support complexe, réalisé grâce à certain matériau simple, à une écriture *dans* un matériau complexe, mis en forme dans un support potentiellement simple. Le matériau n'est plus uniquement choisi pour ses qualités externes (résistance, déformabilité, rareté) mais « en raison de son organisation interne électro-nucléaire (tels l'uranium de l'usine ou industrie atomique, le silicium ou le gallium dans l'électronique). On ne peut plus séparer, dans ces conditions, la fin (l'usage) et le moyen, les qualités et la structure, performante malgré ou à cause de sa miniaturisation. Corrélativement, diminue l'importance des seuls aspects mécaniques, stricto sensu, au bénéfice des énergétiques, des conductifs ou des métaboliques [24] ». Il n'est donc pas étonnant de constater que les ouvrages de référence portant sur les développements des supports de données sont, avant tout, des manuels de physique des matériaux [25], tant le matériau se voit aujourd'hui directement confier de tâches autrefois prises en charge par l'assemblage.

Le premier axe de progrès des mémoires informatiques est ainsi celui des matériaux, qui intègrent une complexité sans cesse croissante. La matière n'est invariante que quantitativement : qualitativement elle est capable de renouvellements, devenant de ce fait capable d'assumer des responsabilités que l'on aurait pu croire réservées à la forme [26]. Le second axe de progrès est celui des procédures d'accès aux données, en écriture comme en lecture. La manière la plus naturelle d'accéder aux données est de suivre séquentiellement l'ordre de leur inscription. C'est ainsi que Turing imagine le déplacement de la tête de lecture et d'écriture sur le ruban de ses machines [27]. Tel était également le cas du télégraphone de l'ingénieur danois Poulsen, présenté à l'Exposition universelle de Paris en 1900. Cette première réalisation, assez éloignée du brevet déposé en 1898, adopte un axe de rotation horizontal, accusant ainsi une ressemblance mécanique avec le phonographe d'Edison. On observe deux mouvements : d'une part le déplacement linéaire d'une tête de lecture et d'écriture sur un fil magnétisable et bobiné, de l'autre la rotation de la bobine, assurée par un moteur électrique. Le premier mouvement

---

24. F. Dagognet, « Matériaux », *op. cit.*

25. *Cf.* par exemple S. N. Piramanayagam et T. C. Chong, *Developments in Data Storage Materials Perspective*, Piscataway (New Jersey), IEEE Press, 2012.

26. On comprend aisément pourquoi F. Dagognet, dans l'article « Matériaux » comme dans l'ouvrage plein de finesse *Mémoire pour l'avenir. Vers une méthodologie de l'informatique* (Paris, Vrin, [1979], 2007), accorde autant d'importance à l'*Esthétique* de Hegel : le moment de l'art est en effet celui de l'Encyclopédie où l'esprit s'exprime dans ce qui au premier abord lui semble le plus étranger et le plus radicalement autre, à savoir la nature. L'informatique est, comme l'art, une spiritualisation de la nature, à ceci près que l'esprit s'y reconnaît sur le mode intellectuel plutôt que sur celui du sentiment.

27. J.-Y. Girard, « La machine de Turing » *op. cit.*, p. 36 : « il y a la même différence entre le ruban de Turing et une mémoire d'ordinateur qu'entre une cassette et un disque laser ; en fait, les machines de Turing suent sang et eau pour déplacer des données sur le ruban ».

dépend mécaniquement du second, selon le principe de vis sans fin. Sans mouvement, statiquement, le signal se résume à des aspérités, des points, des modifications ou des accidents *sur* ou *dans* un matériau possédant une propriété physique permettant l'inscription. Dans les supports magnétiques, le principe d'induction utilisé rend nécessaire un mouvement linéaire autour de la tête de lecture.

En effet la tension variable, à l'origine du mouvement des membranes produisant le son, est induite par la variation d'un flux magnétique. Or cette variation de flux est assurée par un mouvement, devant la tête de lecture, de champs magnétiques différents (en norme, en sens ou en direction). À ce mouvement linéaire local s'ajoute un mouvement de défilement, rotatif, permettant de passer d'une modification physique à lire à la suivante. L'ordre de lecture ou d'écriture est ainsi assuré par la régularité de ce second défilement : sens de rotation

Télégraphone de Poulsen.
© Emtec, 1898
www.emtec-international.com.

défini, vitesse de rotation fixe et identique en lecture et en écriture. Le défilement linéaire permet les procédures de lecture et d'écriture, le mouvement de défilement assure l'ordre de lecture. Comme à l'époque des rouleaux de papyrus ou de vélin, on écrit linéairement et on stocke en enroulant, à ceci près qu'ici les deux mouvements sont liés, le second permettant le premier. Cette liaison des mouvements a une conséquence pratique coûteuse en temps : l'accès à une information donnée impose de parcourir tout le support. L'accès séquentiel à l'information, potentiellement très long, entrave sérieusement le traitement de l'information.

C'est pour optimiser l'accès aux données en l'affranchissant de l'ordre séquentiel qu'en 1953 le prolifique inventeur John T. Potter proposa un système d'archivage des données nommé *Electronic Memory Device*. Le système repose sur une décomposition triple du mouvement. Un premier mouvement, bidimensionnel, dans le plan de chaque support, est dédié à la sélection d'une piste. Un deuxième mouvement, linéaire, permet la lecture ou l'écriture de la piste. Enfin un troisième mouvement, rotatif, permet de changer de support plan et ainsi d'augmenter considérablement la surface de stockage. Dans le système de Potter, la lecture est indépendante du mouvement tridimensionnel permettant le positionnement de la tête sur l'emplacement des signes ou signaux. À un défilement de positionnement succède ainsi un positionnement par adressage, permettant un accès direct aux signaux.

Tel est le principe adopté dans les disques durs pour l'accès aux données[28]. Plusieurs disques ou plateaux magnétiques tournent autour d'un même axe, à une vitesse élevée. Des têtes de lecture et d'écriture couplées permettent

■ 28. A. Tanenbaum, *Architecture de l'ordinateur*, Paris, Dunod, 2001, p. 68-71.

FORME ET MATIÈRE INFORMATIQUES

■

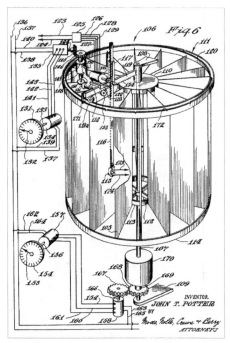

Appareil d'archivage électromécanique de Potter.
© U.S patent 2,620,389, « Three-dimensionnal selector and memory device », 1952.

d'atteindre simultanément les deux faces des disques. Ces têtes de lecture se trouvent *sur* un même bras mobile, assurant un mouvement de translation, à l'image du cancre scotchant tous les crayons de sa trousse pour écrire plus vite sa punition. La combinaison d'un adressage – par choix de la tête ou positionnement du bras – et du défilement rotatif définit un accès semi-direct. L'accès reste en effet en partie séquentiel, puisqu'il faut que la tête arrive sur la donnée à lire, mais il est possible d'adresser le secteur voulu. La surface des disques est divisée radialement en *segments* et concentriquement en *pistes* ; leurs intersections constituent des *secteurs*. Le temps d'accès à la donnée, une fois le secteur choisi, dépend évidemment de la vitesse de rotation du cylindre, mais aussi de la position initiale de la tête de lecture et d'écriture par rapport à la donnée. Les têtes de lecture et d'écriture étant mécaniquement solidaires, il est possible d'atteindre simultanément tous les secteurs d'un même cylindre. La donnée n'est donc pas stockée selon un ordre séquentiel mais répartie dans les secteurs de disques différents. Pour éviter une dissémination sans ordre, les secteurs

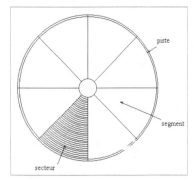

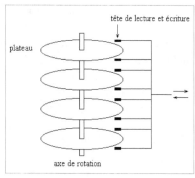

Disques durs et têtes de lecture/écriture.　　Zones d'un disque de stockage.

© Sylvain Tisserand, École Supérieure d'Ingénieurs de Luminy.

sont indexés par des repères[29], ce qui permet d'identifier un bloc de données par le numéro de l'unité de disques, la tête utilisée en fonction du disque et de la face à atteindre, la piste et le secteur. Cette structuration physique de la mémoire permet ainsi d'optimiser les procédures d'accès aux données.

La mémorisation d'un signifiant dans un support physique suppose d'une part le choix d'un *matériau* doué de propriétés permettant l'inscription de signaux, de l'autre le choix de *procédures d'accès aux données* en lecture et en écriture. Ces deux attentes formelles sont celles que s'efforce de maximiser toute réalisation physique de la mémoire informatique. Comment le signifiant ainsi matérialisé s'articule-t-il enfin au signifié ?

Structuration logique de la mémoire physique

Il reste à étudier dans le cas général le lien qu'entretient le symbole inscrit avec l'information qu'il est supposé représenter. Nous allons voir ici ressurgir à un niveau supérieur – symbolique plutôt que physique – les deux composantes traitées précédemment, à savoir le matériau et les procédures d'accès.

Le signifié de la donnée enregistrée n'est généralement pas lié naturellement à son signifiant. Le cas du phonographe est en ceci trompeur : cet appareil n'enregistre que des signaux, c'est-à-dire des signifiants liés naturellement à leurs signifiés, comme la fumée au feu, par opposition aux signes, qui sont liés conventionnellement à leurs signifiés, comme le mot « feu » au feu. L'existence d'un lien naturel dans l'enregistrement analogique d'un phénomène n'est pas sans conséquence technique : l'enregistrement doit être homothétique au phénomène enregistré car toute non-linéarité, comme une saturation, entraînerait une distorsion du signal, donc une perte d'information. La linéarité perd toute nécessité dans le cas de l'enregistrement d'un symbole conventionnel, quand bien même l'inscription s'effectuerait sur la même base physique, par exemple sur les propriétés magnétiques des matériaux ferromagnétiques. Il suffit en effet de pouvoir distinguer les différents symboles du code en associant conventionnellement un ou plusieurs états particuliers du matériau à un unique symbole tel que 1 ou 0[30]. La mémorisation d'un code nécessite donc, outre le matériau et les procédures d'accès propres à l'inscription de traces en général, une *convention d'équivalence* entre états du matériau et valeurs symboliques, convention sans laquelle une inscription sur un disque dur ou tout autre espace de stockage numérique devient de droit aussi indéchiffrable qu'un message en linéaire A. Les procédures d'écriture et de lecture physiques, propres à tout enregistrement, sont ainsi redoublées par un codage et un décodage symboliques. Cette convention est la condition pour que les traces physiques de la mémoire informatique puissent être reliées à des signifiés qui ne les accompagnent pas naturellement. Il ne

▥ 29. Un disque vierge, à sa sortie de l'usine, ne possède ni repères, ni pistes, ni segments. Une procédure spécifique est donc nécessaire, le formatage de bas niveau, pour mettre sur le disque les repères permettant l'indexation des pistes et des secteurs.

▥ 30. L'utilisation du code binaire est particulièrement aisée puisqu'elle ne demande que la distinction de deux groupes d'états différents. On voit à cette occasion qu'il n'y a pas de support analogique ou numérique en soi, mais qu'il n'y a de support numérique que par une interprétation conventionnelle des états du matériau ; c'est ce qu'affirmait justement James H. Moor dans "Three Myths of Computer Science", *British Journal for the Philosophy of Science*, 29/3 (1978), p. 213-222.

suffit donc pas de pouvoir lire ce qui est écrit dans le matériau : il faut aussi comprendre ce que l'on lit.

Concernant l'accès aux données, tous les biais induits par la réalisation physique de la mémoire sont également compensés par un ensemble de virtualisations. La structuration physique des données dans des mémoires de masse – par exemple leur répartition sur les secteurs d'un disque dur,

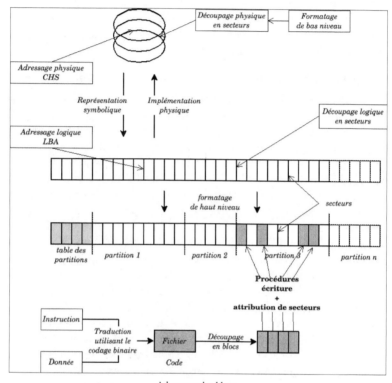

Adressage des blocs.
© Didier Lommelé, « Mémoires informatiques ».

sur un DVD-ROM ou une clef USB – étant généralement inessentielle pour l'utilisateur, une couche logicielle appelée « système de fichiers [31] » est ajoutée pour masquer cette topologie contingente et variable sous celle, plus neutre car applicable en toute généralité à tous les types de supports, d'un ordre linéaire [32]. Les procédures de lecture et d'écriture sont naturellement mises à jour pour convertir les adresses logiques en adresses physiques et réciproquement. Ce retour au ruban de la machine de Turing n'est pas sans

■ 31. A. Tanenbaum, *Systèmes d'exploitation*, Paris, Pearson, 2003, chap. 6.
■ 32. Techniquement, dans le cas des disques durs, l'adressage CHS (*Cylinder-Head-Sector*), qui identifie physiquement chaque secteur par ses numéros de cylindre, de tête et de secteur (par exemple « 0,0, 3 »), est converti en l'adressage LBA (*Logical Block Adressing*), qui indexe linéairement les secteurs par des entiers naturels (dans notre exemple, « 2 »). Les systèmes de fichiers ont bien d'autres fonctions : partager les données entre plusieurs utilisateurs ou plusieurs programmes, hiérarchiser les fichiers en une arborescence ou toute autre topologie d'accès aux données, crypter les données, etc.

ironie : il revient à simuler logiquement la topologie à laquelle on a précisément renoncé physiquement pour des raisons techniques. Les discontinuités inessentielles du support sont ainsi masquées par une continuité fictive. Inversement, toute continuité inessentielle est masquée par une discontinuité fictive : le ruban peut être découpé en parties virtuelles appelées partitions, dont la topographie est relevée dans une partie du ruban appelée « table de partitions ». La topologie du support matériel est donc masquée par celle du support virtuel qu'est le système de fichiers.

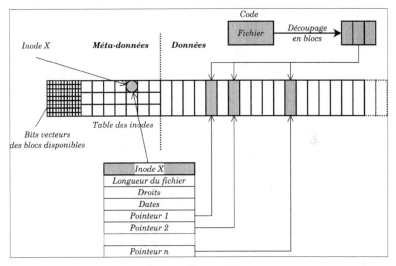

Structure d'une partition.
© Didier Lommelé, « Mémoires informatiques ».

Cette liberté topologique se redouble au moment d'enregistrer sur le support les entités potentiellement volumineuses que sont les fichiers. Chaque fichier est découpé en blocs, dont chacun est enregistré dans un secteur. Il n'est nullement nécessaire que les blocs soient inscrits de manière contiguë, ni même que leur ordre soit respecté. Il suffit, pour prendre l'exemple des systèmes de fichiers utilisés sous Unix, que soient stockées en un endroit du disque les métadonnées de chaque fichier (son identifiant appelé *inode*, sa longueur, les permissions d'accès, les dates de création, de modification et d'accès, etc.) et la liste des « pointeurs », c'est-à-dire des adresses auxquelles se trouvent ses fragments successifs[33]. Aussi la topologie de chaque fichier est-elle indépendante de celle du support virtuel, elle-même indépendante de celle du support physique.

Il en va de même de la topologie interne au système de fichiers : libre à nous de le structurer en une arborescence – où un fichier serait identifié par un chemin d'accès de type */home/dilom/documents/ex/liens.txt* – ou

---

33. Cela suppose de maintenir, dans une structure de données à part, la liste des blocs disponibles et celle des blocs déjà alloués : les bits vecteurs des blocs disponibles.

en toute autre structure topologique[34]. Contrairement à l'inscription analogique de signaux, qui doit être homéomorphe au phénomène enregistré, l'enregistrement de données symboliques n'est soumis à aucune contrainte topologique : il suffit d'adapter les procédures de lecture et d'écriture pour qu'elles compensent les biais éventuels de la mise en application physique choisie. Si nous avons montré précédemment comment le support était euphémisé, dans la mémorisation magnétique, par le matériau, nous constatons à présent l'euphémisation du matériau par les procédures : aux procédures de lecture et d'écriture s'ajoute une procédure d'adressage lui conférant de nouvelles propriétés conventionnelles, symboliques. Ainsi est surmonté, autant que faire se peut, l'arbitraire que suppose toute réalisation physique d'une mémoire informatique.

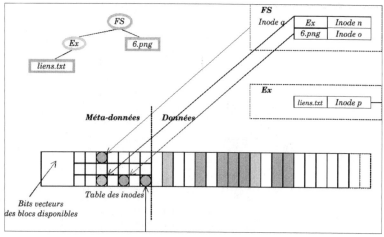

Implémentation d'une arborescence.
© Didier Lommelé, « Mémoires informatiques ».

Conclusion

L'existence d'une mémoire informatique est une exigence conceptuelle qui, se traduisant naturellement dans les modèles formels de la calculabilité, dicte un cahier des charges à toute réalisation physique. Mais si la pensée formelle a le premier mot, c'est également à elle que revient le dernier : aussi bien le matériau que les procédures d'accès en écriture et en lecture sont virtualisés. Pour mémoriser des données, nous devons disposer d'un matériau permettant l'inscription, d'une procédure d'écriture et de lecture physiques, mais aussi de procédures de codage et de décodage symboliques et de procédures d'adressage. Ces dernières procédures munissent le matériau physique – qu'il soit optique, semi-conducteur ou

---

■ 34. Dans le cas d'une arborescence à la manière d'Unix, les dossiers eux-mêmes sont des fichiers contenant les inodes des fichiers qu'ils sont supposés contenir. Les dossiers et les noms de fichiers n'existent pas physiquement mais sont de simples descriptions écrites dans des métadonnées.

magnétique – de propriétés symboliques qui le dépassent. L'informatique fait ainsi de plein droit partie de ce que Hegel appelait « l'esprit absolu [35] » : elle est la pensée formelle s'exprimant et se reconnaissant dans une matière dont elle neutralise la contingence.

Didier Lommelé
Lycée Charles-Mangin, Sarrebourg
et Baptiste Mélès
CNRS, LHSP-Archives Henri-Poincaré, Université de Lorraine

■ 35. G. W. F. Hegel, *Encyclopédie des sciences philosophiques*, t. III : *Philosophie de l'esprit*, trad. fr. B. Bourgeois, Paris, Vrin, 2006.

DOSSIER

La mémoire

LES JEUX DE MÉMOIRE D'UN MATÉRIAU INDUSTRIEL
Entretien avec Ivan Grinberg [1]

Comment écrit-on l'histoire d'une industrie, ou même d'un « matériau industriel » tel que l'aluminium ? Et quels rapports cette histoire industrielle entretient-elle avec la ou plutôt les mémoires de ceux qui en ont été les responsables – ingénieurs, techniciens, ouvriers ? Ces questions ne renvoient pas seulement à la tension qui peut exister entre mémoire subjective et histoire objective – car ce matériau, au-delà des enjeux propres à la production et à ses usages immédiats, porte à sa manière la trace d'une histoire sociale et culturelle qui déborde en partie le champ des narrations balisées.

Reprenant la vaste périodisation exposée par Leroi-Gourhan dans *La mémoire et les rythmes* [2] l'historien J. Le Goff prend acte de notre entrée apparemment irréversible dans une période « d'expansion de la mémoire [3] ». Depuis quelques décennies, et sous l'effet de mutations techniques décisives, l'histoire et les historiens sont désormais aux prises avec les « débordements de la mémoire » ; et cela après avoir été confrontés, dans d'autres périodes, à un certain « retrait » ou empêchement de celle-ci.

Il n'est pas aisé de cerner la spécificité du rapport de l'historien contemporain à la mémoire. On peut, en reconduisant une coutume intellectuelle par laquelle se définirait le métier même d'historien, commencer par différencier une « mémoire collective » entendue comme ce qui reste du passé dans le vécu des groupes – la nature et l'identité de ces « groupes » resteraient alors à préciser – ou de ce que ces groupes font du passé, et la « mémoire historique » ; différence comparable à celle qui oppose une mémoire affective à une mémoire davantage intellectualisée, distancée, objectivée. On n'est pas renvoyé alors à la différence entre ce qui serait subjectif et ce qui ne le serait pas, car la mémoire collective se soutient d'une multitude de productions matérielles et symboliques, discursives et intellectuelles à la fois. L'affectivité

1. Ivan Grinberg est Secrétaire général de l'Institut pour l'histoire de l'aluminium (IHA – http://www.histalu.org/).
2. A. Leroi-Gourhan, *Le geste et la parole*, t. 2 : *La mémoire et les rythmes*, Paris, Albin Michel, 1965.
3. J. Le Goff, *Histoire et mémoire*, Paris, Gallimard, 1988, p. 109.

dont il est question n'est pas celle d'une conscience isolée, immédiate et irréfléchie : elle participe à sa manière d'une culture et de la multitude de ses strates représentationnelles ou narratives.

Surtout : l'unité même de la mémoire historique – ou historienne – est devenue problématique. Les méthodes et les objets, les protocoles de vérification et les intentions mêmes que les historiens confèrent à leur propre travail ne répondent pas à un modèle unique. Certains vont jusqu'à revendiquer une part de fiction au sein même de leurs recherches, comme si l'écriture de l'histoire et l'écriture romanesque avaient partie liée et pouvaient s'enrichir réciproquement. Les manières et les visées variées de l'histoire savante ouvrent sur des types de mémoire qui apparaissent aussi différenciés que les modes de narration et, peut-être, de véridiction – en tout cas d'interprétation – au sein desquels ils s'inscrivent. Les idées même de *fait*, de *preuve* ou d'*explication* historiques s'en trouvent effectivement transformées.

De surcroît, l'amplification quantitative de la mémoire se compose avec l'émergence d'une histoire nouvelle, histoire *du temps présent* ou même histoire *immédiate*, qui s'efforce d'effectuer un travail scientifique à partir d'une mémoire collective plurielle et abondante. Cette composition constitue une véritable « révolution de la mémoire[4] », de plus en plus rapidement offerte ou soumise à une élaboration historienne : « L'accélération de l'histoire a rendu insupportable la définition officielle de l'histoire contemporaine. Il faut faire naître une véritable histoire contemporaine, une histoire du présent. Elle suppose qu'il n'y ait plus d'histoire seulement du passé, qu'on en finisse avec une « histoire » qui repose sur une coupure nette du présent et du passé[5]. »

Cette redéfinition même de la mémoire historienne fait émerger de nouveaux objets et de nouveaux lieux, de nouveaux acteurs pour une histoire savante dont les frontières épistémologiques apparaissent assez incertaines. L'École des Annales y a grandement contribué, en impulsant une (ou des) histoire(s) de la culture matérielle et de la vie quotidienne : histoire des grands nombres et de la majorité des hommes ; histoire de ces anonymes dont Benjamin nous rappelle dans ses *Thèses sur l'histoire* qu'elle est des plus importantes, mais aussi des plus difficiles à mettre en œuvre. La question est alors de savoir comment la mémoire des « grandes voix » peut se mêler à celle des « petites », ou même des « sans voix ». Et quel sens on peut donner à cette autre idée, que l'on doit aussi à Benjamin : celle d'une histoire qui recueille et compose le souvenir « tel qu'il surgit au fil du danger ». Or le danger n'est pas seulement celui que des hommes – adversaires, ennemis – font peser sur d'autres hommes, dans des contextes au potentiel violent ou guerrier. Il est désormais induit par les risques que les forces techniques, ou technico-politiques, font peser sur une humanité dont les capacités productives de très grande ampleur sont portées par des industries qui ont aussi le sens de la destruction – et cela y compris en temps de paix. Pour une histoire qui se veut bien ajustée aux temps présents, il s'agit donc aussi de s'intéresser aux modes de production et aux mondes industriels.

■ 4. J. Le Goff, *Histoire et mémoire*, p. 163.
■ 5. *Ibid.*, p. 58.

Pour explorer ces questions à partir d'un objet d'histoire déterminé, nous nous sommes intéressés à l'Institut pour l'histoire de l'aluminium, créé en 1986, et avons proposé à Ivan Grinberg, Secrétaire général de cette institution, de faire le point sur les démarches et les objets qui s'y trouvent mis en œuvre, participant à la mise au travail non pas de *la* mémoire mais d'une *pluralité* de mémoires – au vif d'un temps présent qui doute parfois de ses capacités à durer et à dépasser les crises qui lui sont inhérentes.

Cahiers Philosophiques : *A quel projet initial répond la création de l'Institut pour l'histoire de l'aluminium ?*

Ivan Grinberg : La naissance de l'Institut s'inscrit dans un mouvement de large renouvellement des objets, des approches et des problèmes en histoire, qui irrigue le domaine économique et social. Depuis une trentaine d'années en France, de grandes et moins grandes entreprises font régulièrement appel aux historiens. L'Institut pour l'histoire de l'aluminium a vu le jour en 1986 à l'initiative du groupe Pechiney. Ce groupe préparait alors la célébration du centenaire du procédé d'obtention de l'aluminium par électrolyse. Au milieu des années 1980, l'entreprise plus que centenaire – et nationalisée dans la foulée de l'arrivée de la gauche au pouvoir – était encore l'un des principaux producteurs mondiaux d'aluminium et le numéro un mondial de cette technologie. Association à but non lucratif, l'IHA rassemble alors historiens de l'économie, archivistes, représentants d'entreprises. Ses principaux objectifs de départ sont de collecter la mémoire des anciens responsables (ingénieurs, cadres) de l'entreprise, et de faciliter une recherche qui s'organise alors autour de quatre axes principaux : la science et la technique, la production, les marchés, et la « civilisation de l'aluminium » – cette formule correspondant à des champs d'étude comme celui des usages ou des représentations. La fécondité des travaux de l'institut aura d'emblée reposé sur le croisement délibéré entre les interrogations des chercheurs en sciences humaines et celles de professionnels de l'aluminium qui, nouveaux venus à l'histoire et soucieux d'y apporter leur contribution, tentent d'éclairer de l'intérieur les évolutions dont ils ont été les acteurs. La recherche s'appuie sur deux dispositifs principaux : un système de bourses d'étude réservé aux jeunes chercheurs – du master au doctorat ; un travail de mémoire élaboré par des groupes de travail rassemblant anciens de l'industrie et historiens[6].

Progressivement, l'IHA a été conduit à intervenir « en amont » de la recherche historique auprès des services d'archives des entreprises – quand ils existent. Avec le groupe Pechiney – l'un des principaux objets d'étude –, il s'est agi non seulement de faciliter aux chercheurs l'accès aux sources, mais aussi de fixer des règles d'accès garantissant la liberté de la recherche en même temps que la « tranquillité » du propriétaire des archives. Puis, progressivement, l'IHA a élargi son champ d'intervention à d'autres dimensions, du côté de ce que l'on pourrait appeler la mémoire matérielle de l'aluminium : patrimoine technique, collections d'objets témoignant de l'évolution des usages, etc. Le travail sur les archives n'est pas séparable de ce qui concerne le patrimoine technique – les outils et les savoir-faire au sens large de ce terme – et les objets produits.

■ 6. Pour une approche plus détaillée de la démarche de l'IHA, voir I. Grinberg, « Jalons pour une histoire de l'IHA », *Cahiers d'histoire de l'aluminium*, numéro double, 56-57, Paris, 2017.

C.P. : *Quels sont les modes de travail et les perspectives de recherche ? Quels liens permettent-ils de tisser entre histoire et mémoire ?*

I.G. : L'histoire d'un matériau comme l'aluminium éclaire l'histoire du monde contemporain : des champs classiques comme l'histoire des sciences s'en emparent[7] ; l'histoire des techniques s'y affranchit d'approches strictement internalistes pour s'ouvrir aux réflexions sur les rapports avec la société ; l'étude des usages féconde des approches anthropologiques complétant la vision macroéconomique de l'étude des marchés. Les historiens s'emparent des archives, mais aussi des outils, du bâti, des artefacts, font feu de tout bois pour construire des objets historiques souvent novateurs.

Par exemple : la légèreté de l'aluminium favorise le développement d'applications liées à la mobilité et éclaire non seulement l'histoire des transports mais aussi l'histoire des loisirs, l'histoire de la consommation et même l'histoire militaire avec l'allègement du barda du soldat de la Grande Guerre. On pourrait illustrer de bien des façons ces allers-retours entre l'histoire d'un matériau industriel de masse et celle de notre modernité. Ainsi considéré, l'aluminium n'est pas seulement un matériau – ou plutôt, il est à la fois un matériau et un axe de coupe transversale de la société, par la multiplicité de ses usages et les cultures qu'il vient à la fois nourrir et transformer. En produire l'histoire, c'est suivre (et constituer) la trace d'un révélateur du changement dans des domaines aussi divers que la technique, l'économie, l'organisation de l'espace, les pratiques sociales et culturelles. L'articulation décisive procède du travail historique lui-même : on ne saurait dissocier les traces matérielles et la mémoire immatérielle (savoirs et savoir-faire, représentations et cultures associées) ; et l'enquête a justement son point de départ dans cette articulation. La mémoire et le patrimoine sont des ressources qui peuvent et méritent d'être préservés et traitées en tant que tels, témoignages d'activités humaines dont l'empreinte est significative dans de nombreux domaines.

C.P. : *Quel type de problèmes spécifiques rencontre-t-on dès lors qu'on se propose d'écrire une telle histoire ? Quelle mémoire est alors convoquée, et sous quelle(s) forme(s) ?*

I.G. : L'histoire de l'aluminium est indissociable d'une histoire des entreprises engagées dans la production, et le développement des marchés de ce métal, mais aussi des institutions sociales et politiques – et plus généralement culturelles – au sein desquelles elle se réalise. C'est à ce niveau qu'intervient le recueil de la mémoire, qui accorde une place privilégiée aux acteurs – souvenirs, narrations, réflexion. Il y a là une source qui n'est pas unique mais privilégiée : elle est parfois la seule voie d'accès aux éléments ou événements dont elle permet d'engager le travail de connaissance ; elle induit pour l'historien des questions et même des problèmes spécifiques. Car il s'agit d'une mémoire vivante, qui au moment même où elle se constitue – dans le dialogue entre les acteurs (ou anciens acteurs) et les historiens – continue à se développer donc aussi à se déplacer et à se transformer. La recueillir ou la constituer, c'est donc aussi s'ouvrir à une certaine forme de plasticité – celle d'une mémoire en devenir, tout à l'opposé d'une archive qui serait figée. L'histoire industrielle a aussi ses difficultés spécifiques. Elle requiert des fonds et des archives. C'est la raison pour laquelle, dans un premier temps, l'IHA s'est concentré sur l'histoire d'un grand groupe industriel, Pechiney, principal acteur de la filière. Mais l'Institut s'est ensuite progressivement ouvert à une histoire aux acteurs

---

7. *Cf.* les travaux de B. Bensaude-Vincent, notamment *Éloge du mixte. Matériaux nouveaux et philosophie ancienne*, Paris, Hachette, 1998.

multiples, davantage diversifiée, qui ne se réduit pas à celle d'une seule entreprise. Elle ne peut plus alors se construire, se penser et se raconter sous une perspective unique. On doit tenir compte de deux orientations différentes, et même divergentes. L'histoire de l'aluminium est – a été au moins dans un premier temps – celle des dominants. Pechiney a longtemps occupé une position dominante dans le domaine de l'aluminium. À l'intérieur de l'entreprise, on a aussi affaire à une organisation hiérarchisée, et la parole recueillie a d'abord été celle des ingénieurs ou plus généralement des cadres supérieurs et des dirigeants. À l'extérieur, les relations avec les instances politiques ont joué aussi un rôle déterminant – raison pour laquelle une approche technique ou technologique ne saurait suffire. La commande initiale aura été de faire parler les dirigeants – et plus généralement les cadres.

Or cela s'est révélé trop restreint – il est impossible de s'en tenir à ce seul point de vue (même s'il n'est pas en lui-même univoque), si l'on prétend faire une histoire *de l'aluminium* ou même d'un *groupe* industriel tel que Pechiney. Une entreprise ayant traversé plus d'un siècle d'histoire se forge sans doute quelque chose comme une identité, des traits culturels différenciants, mais elle n'est pas un individu – et surtout pas celui que composerait ou induirait l'équipe de direction. Du point de vue des méthodes comme du point de vue des objets, l'IHA s'est déplacé dans son propre travail, vers des histoires multiples et reposant sur des mémoires différentes : industrielle, mais aussi sociale, politique, culturelle, et portées par des acteurs occupant des positions différentes, et parfois opposées. Il s'est aussi astreint à ne pas monopoliser la fabrique de l'histoire, en soutenant des projets dont il n'avait pas l'initiative – je pense par exemple à la création de deux musées, Espace Alu en Maurienne et le Musée des Gueules rouges en Provence ; ou en accueillant dans son centre de ressources de nombreux chercheurs, aux questionnements variés et hétérogènes. Cette pluralité des approches – plus d'une centaine de travaux – a été préférée à la production synthétique d'une histoire d'entreprise.

La question décisive rencontrée par l'IHA aura été la question : qui parle ? de qui la mémoire qu'on travaille à construire est-elle la mémoire ? et comment tenir compte de la mémoire des autres – qui pourrait bien constituer une mémoire autre ? On pourrait risquer l'idée qu'on n'a pas affaire à *la* mémoire, mais à *de* la mémoire en une multitude d'endroits (et de temps) différents. Sans doute n'est-ce pas le propre de l'histoire industrielle mais cela s'y révèle de manière intéressante et significative, d'autant plus que l'entreprise est traversée par – et confrontée à – de la conflictualité sociale, économique, sociétale.

C.P. : *Quel rôle jouent dans la construction de cette histoire les lieux industriels eux-mêmes : sites, bâtiments, machines, etc. ?*

I.G. : On ne peut composer une histoire de l'aluminium sans se donner un point de vue transversal : on fait à la fois l'histoire d'un matériau et des procédés techniques qui permettent de le travailler, l'histoire des entreprises qui le fabriquent et le transforment, l'histoire des usages et de leurs répercussions, sur une échelle de temps qui couvre à peu près un siècle et demi. Au sein de cette pluralité d'objets et de perspectives, l'histoire des traces matérielles et immatérielles (le patrimoine constitué par des bâtiments, des machines ; le patrimoine immatériel que représentent les techniques et technologies) joue un rôle très important. L'historien François Caron le résume bien quand il dit : « La mémoire d'entreprise intègre le labeur et l'expérience quotidiens des membres de l'entreprise, dirigeants et salariés. Elle s'exprime par des témoignages, des souvenirs, mais aussi des lieux, des paysages, des monuments, des images littéraires[8] ». L'histoire industrielle requiert aussi d'articuler sciences et techniques : au niveau de leurs dimensions intellectuelles bien sûr, mais cela aussi relève pour partie de l'archéologie matérielle.

Ce lieu qu'est (ou qu'a été) l'usine – ou plutôt l'ensemble des usines constituant la chaîne de production, intégrant ces différents éléments –, appartient et porte une mémoire collective, qui demande à être restituée ou exprimée. Le lieu à lui seul ne parle pas. Mais les hommes sans le lieu ne parlent pas non plus. La mémoire de leur travail est mémoire de gestes, de rapports techniques et sociaux en acte. L'outil, la machine ne prennent leur dimension de mémoire que par les souvenirs et les paroles qui leur sont jointes.

C.P. : *Vous insistez sur l'importance de la parole – les lieux ou les choses, dites-vous, ne parlent pas sans les hommes. Mais comment advient cette parole de mémoire ? Est-elle spontanée ? Est-elle naturellement disponible chez ceux – ingénieurs, cadres, ouvriers – qui ont été ou sont partie prenante du processus de production ?*

I.G. : Dans la démarche de l'IHA, l'une des pratiques qui a le plus contribué à faire émerger des objets historiques singuliers est l'invitation faite aux anciens de l'industrie à apporter leur(s) contribution(s). Celles-ci ont pu prendre des formes variées. La plus fréquente a été la rédaction de témoignages, portant sur des sujets comme par exemple la naissance d'un nouvel outil industriel, un programme de recherche, un événement marquant de l'histoire sociale, un changement organisationnel, une personnalité… Certains se sont lancés dans des récits de carrière plus étoffés. On compte plusieurs centaines de ces contributions dans les collections de l'IHA, d'une à plusieurs centaines de pages. Le plus souvent, ces documents posent des questions de méthode intéressantes. J'en citerai deux : qui est le sujet parlant ? Comment se mêlent en lui l'acteur ou le témoin ? La plupart de nos contributeurs maîtrisent des formes d'écriture ou de discursivité codées et contraintes qui ont rythmé leur vie professionnelle : rapports techniques ou scientifiques, argumentaires marketing, discours syndicaux… L'entreprise produit en permanence du discours, du sens, portés par des objectifs de performativité, des contraintes de protection, de secret. On parle, on écrit au nom de l'entreprise, pas en son nom propre. Libérer la mémoire passe d'abord par une libération de la parole et du sujet ; par un déplacement dégageant le témoin de la fonction qui autorisait sa parole. Au fond, l'intérêt d'un témoignage est souvent lié à cette capacité à devenir « auteur », à assumer le décalage entre une couche de mémoire officielle et d'autres couches qui l'éclairent : pour un événement donné, ce pourrait être un éclairage sur ce que le document d'archive ne dit pas – l'implicite d'une action ou d'une décision, les débats qu'elle a pu susciter ; mais aussi la perception que le témoin a eue d'un événement et la manière dont cette perception évolue dans le temps. Ces couches, ces jeux du témoin avec sa propre mémoire se complexifient du fait du fonctionnement de la mémoire elle-même. Loin d'être un espace de stockage

---

8. F. Caron, « L'entreprise », *in* P. Nora (dir.), *Lieux de Mémoire*, 3, « Les France », « Modèles », Paris, Gallimard, 1997 [1993], p. 3308. Voir aussi par exemple H. Joly, A. Giandou, M. Le Roux, A. Dalmasso et L. Cailluet (éd.), *Des barrages, des usines et des hommes. L'industrialisation des Alpes du Nord entre ressources locales et apports extérieurs. Études offertes au professeur Henri Morsel*, Grenoble, Presses Universitaires de Grenoble, 2002.

inerte, la mémoire travaille en permanence, compose et recompose, trie et ordonne. Ce qui me frappe aussi c'est l'impression d'une matérialité : la mémoire semble tracer des sillons dans le flux des événements, et ces sillons sont ensuite difficiles à effacer. Peut-être est-ce d'ailleurs ce type de sillons qui rend inconfortable pour nombre de témoins l'affirmation d'un « je ».

C'est pour cela que l'IHA, au plus fort de son effort de collecte de mémoire, a jugé nécessaire d'accompagner ses anciens en leur offrant une formation à la méthodologie historique. La question de la mémoire et du témoignage, sa distinction d'avec le travail de l'historien étaient au cœur de ces séminaires. Ils ont conduit certains des contributeurs de l'IHA à une « conversion historienne » passant par la prise de conscience et l'explicitation de leur position dans l'histoire. Pour la plupart, la formation a surtout permis d'assumer le rôle de témoin, d'accepter l'idée d'une pluralité, parfois d'une confrontation des mémoires. Dans ce recueil de la mémoire, l'exercice de la collecte d'archives orales est particulier. La loi reconnaît à l'enquêteur un statut d'auteur au même titre qu'au témoin : on reconnaît par là une forme de co-construction de la mémoire dans laquelle le questionnement historien intervient non seulement comme accoucheur mais comme structurant le dialogue par une interaction sur la mémoire. L'enquêteur provoque, convoque, confronte le souvenir aux informations que livrent les archives mais aussi d'autres témoins, il peut entrer en conversation avec les souvenirs de son interlocuteur, le mettre en question.

C.P. : *Pouvez-vous donner quelques exemples des productions historiennes – anciennes ou plus récentes – de l'Institut ?*
I.G. : Dans le cadre de cet entretien, j'en proposerais deux, ou plutôt deux types. L'institut a consacré plusieurs travaux d'assez grande ampleur à l'histoire-mémoire des usines : Forges de Crans ; Issoire ; Pomblière, Alucam, Aluminium de Grèce[9]... Il s'est agi de collecter des souvenirs et des récits, et pour cela, de conduire de très nombreux entretiens, consacrés aussi bien à la mémoire des objets matériels (sites, bâtiments, machines, etc.) qu'à celle, immatérielle, des techniques et des technologies (savoir-faire individuels et collectifs, parcours de formation et de travail). Il s'est agi aussi de confronter ces mémoires en cours d'émergence – il n'est pas acquis en effet que les ingénieurs, les cadres, les ouvriers ou des grands dirigeants s'accordent – ne serait-ce que dans l'établissement des faits, a fortiori dans l'appréciation ou l'évaluation des situations ou évolutions. Comment associer, articuler, comprendre leurs différents points de vue et composer – à supposer que cela soit possible – un récit unifié ? C'est sur cette base – dont la richesse est faite de complexité et ne se laisse pas facilement résumer – que les historiens participant aux travaux de l'IHA ont pu engager leurs propres recherches, déterminer objets et méthode, prendre parfois distance par rapport aux représentations que tel ou tel se fait de son propre passé. L'IHA a constitué depuis sa fondation, et constitue aujourd'hui encore un lieu de co-construction, entre la mémoire que des individus, eux-mêmes inscrits dans une certaine génération, peuvent

■ 9. I. Grinberg, *Pomblière, fabrique de métaux depuis 1898. Un village-usine de Savoie dans la grande industrie*, Grenoble, PUG, 1998 ; A. Simon, *Issoire et Neuf-Brisach, 2 usines phares de l'industrie de l'aluminium*, Clermont-Ferrand, Éditions du Miroir, 1999 ; A. Giandou, « Éléments pour une histoire des forges de Crans (1907-1983) : les mutations d'une entreprise familiale » [documents rassemblés et présentés par A. Giandou], *Cahiers d'histoire de l'aluminium*, 31, 2003 ; M. Laparra, , I. Grinberg (dir.), *Alucam, un destin africain. 50 ans d'aluminium au Cameroun, 1957-2007*, Aix-en-Provence, REF. 2C Éditions, 2007.

prendre (et réfléchir) de leur passé, et l'histoire produite par des spécialistes, au sens académique des sciences humaines et sociales. L'histoire des historiens travaillant avec l'IHA fait une place importante, plus importante peut-être que dans d'autres lieux historiens, à cette conjugaison du récit historique classique et du travail, aussi riche qu'il est incertain, de la réminiscence.

Une des premières publications consacrées à ces usines qui auront été aussi les fleurons des « trente glorieuses » date d'il y a une vingtaine d'années. Ce travail s'est poursuivi et amplifié. À Alpine Aluminium (anciennement Forges de Crans, aujourd'hui reprise par les salariés), une association s'est créée pour revivifier cette mémoire, y compris celle des liens avec le territoire d'implantation. Il s'agit ainsi de renouer – ou plutôt de nouer, car un tel lien ne fait pas partie de l'expérience immédiate – avec l'histoire de l'entreprise. Autant de matériaux (enregistrements, transcriptions) qui ont cristallisé un certain état de la mémoire et permis le démarrage du travail historique. Personnellement et collectivement, ces travaux font aussi une base pour un processus d'appropriation de l'histoire vécue. L'usine – et donc aussi son histoire – est loin de se réduire à un dispositif technique productif. Elle constitue une unité de sens, riche notamment des conflits mémoriels que le temps distancié permet de faire émerger et – parfois – de dépasser.

Un autre travail engagé et réalisé par l'IHA s'inscrit dans l'horizon d'une histoire ou même d'une anthropologie culturelle. Comment l'aluminium a-t-il transformé la vie des gens ? Il s'est agi de recueillir et de valoriser une collection – dont l'IHA s'est fait le relais mais dont il n'a pas eu la première initiative – de 25 000 objets en aluminium : la collection Jean Plateau-IHA (du nom du collectionneur qui s'y est consacré). A elle seule, cette collection ne constitue pas une histoire, mais elle s'offre comme son point de départ, par exemple lorsqu'il s'agit de comprendre de quelque manière le matériau aluminium (baptisé le métal léger, ou le métal de l'air dans les années 1920) est associé à une histoire de la mobilité. Les 25 000 objets de cette collection ont en commun d'avoir été fabriqués, partiellement ou totalement, en aluminium. Ils viennent en majorité de France et d'Europe, même si ces dernières années, notamment grâce aux plateformes d'achat en ligne, les origines se sont diversifiées [10], et couvrent la période des origines de cette industrie au milieu du XIXe siècle, à nos jours. La collection témoigne des modalités de la pénétration de l'aluminium dans la production d'objets comme dans les usages. Elle livre à qui sait l'exploiter une mine d'informations techniques, esthétiques, fonctionnelles... Elle a été une source de questionnement sur la culture matérielle qui a permis de faire progresser l'histoire des origines et des premières applications du métal en même temps qu'elle en constitue un conservatoire unique, qui provoque régulièrement chez le visiteur des effets « madeleine » : une boîte d'aspirine du Rhône, une cocotte-minute Henri IV, une carotte de bureau de tabac, une casserole toute cabossée, les objets fabriqués à partir de douilles d'obus par les poilus désœuvrés dans les tranchées de la Grande Guerre ou les jouets réalisés à partir de cannettes usagées [11].

■ 10. On a ainsi découvert la richesse des utilisations de l'aluminium dans les arts dits « premiers », qui attestent d'une pénétration de ce métal industriel dans des régions où il n'était pas produit et son appropriation par des artisans – notamment les orfèvres – à la recherche de matières premières abondantes et moins coûteuses que l'argent.
■ 11. *Cf.* H. Péjaudier, « "En aluminium pâle comme l'absence et tendre comme le souvenir". Les bagues limées par le soldat Apollinaire (1915) », *Cahiers d'histoire de l'Aluminium* n° 11, 1992-1993 ; I. Grinberg, F. Hachez-Leroy, J. Plateau, *L'aluminium, un si léger métal*, Paris, Gallimard, 2003 et I. Grinberg, J. Plateau, *Passion aluminium, trésors de la collection Jean Plateau-IHA*, Paris, Les Éditions du Mécène, 2013.

Avec ces deux exemples et sous deux manières différentes, on actualise deux des difficultés que pointe Georges Duby dans les *Entretiens* qu'il consacre à l'histoire du Moyen Âge. D'une part, plus la distance se creuse avec les temps passés, plus la rétrospection que permet le récit historique tend à se focaliser sur l'extraordinaire, sur l'exceptionnel. D'autre part, la rétrospection est par définition tributaire de ses sources, en particulier de la mémoire du maître social – le seul à disposer d'une mémoire constituée. Le quotidien – le *commun* à tous les sens de ce terme – est laissé de côté à jamais. Or il est justement possible – lorsqu'on travaille à la constitution d'une mémoire à moindre distance de temps, de surmonter ces difficultés : tenir compte du monde ordinaire de la vie industrielle, varier les approches et les paroles, composer une mémoire variée, ouverte à la multiplicité des acteurs dont on peut recueillir les témoignages. Il y va alors d'une espèce de culture de la mémoire, qui vient s'articuler à la recherche de traces qu'on pourrait dire avec Duby « fines », à la limite de l'imperceptible – en tout cas dans un premier temps. Ainsi comprise, la mémoire du contemporain ne vient pas seulement compléter – en un sens quantitatif et cumulatif – celle des temps anciens ; elle en renouvelle aussi bien les objets que les méthodes, en particulier lorsqu'il s'agit de différencier le matériel (de l'industrie) du monumental.

C.P. : *Peut-on considérer que la problématique des rapports entre histoire et mémoire se transforme avec l'émergence de nouvelles technologies de l'information et de la communication ? Comment doit-on considérer, du point de vue du travail que conduit votre institut, l'accumulation infinie des données numériques ? N'est-on pas conduit par elle à une espèce de saturation de la mémoire, qui pourrait aller jusqu'à compromettre le travail même de l'historien ?*

I.G. : Ces nouveaux outils transforment sûrement le travail de l'historien. Les nouvelles sources que constituent les archives numériques, les collections audiovisuelles, les sites Internet, les bases de données, multiplient non seulement les volumes d'information à traiter mais aussi les moyens de les « faire parler ». Comment cela interagit-il avec la question de la mémoire ? Sans doute avec ces « silos » et les moteurs de recherche est-on mieux armés face aux failles de la mémoire ; sans doute les moyens de croiser, de recouper, de confronter sont-ils accrus de façon spectaculaire. Cela suppose de nouvelles méthodes de travail. A l'IHA, une illustration de ce phénomène est la création depuis dix ans d'outils de recherche en ligne, bibliothèque et iconothèque numériques qui rendent accessibles des ensembles de données jusque-là dispersées ou mal connues. Le catalogue informatique de la Collection Jean Plateau-IHA est un bon exemple de ces nouvelles pratiques. La base de données a permis dans un premier temps de suppléer à la mémoire du collectionneur mise à l'épreuve par les milliers, puis les dizaines de milliers d'objets collectés : identifier et localiser les objets, vérifier les doublons, etc. Elle a ensuite permis de commencer à répondre à des questions nouvelles, à associer des familles d'objets par des critères variés.

Ajoutons que la dématérialisation offre aux chercheurs des opportunités inédites. Dernier exemple en date, les Archives de France viennent de mettre en ligne un outil nouveau, France Archives, un agrégateur qui donne un accès instantané et simultané à de très nombreux catalogues et outils de recherche, non seulement de centres d'archives publics mais aussi, à terme, d'institutions ou de sociétés savantes comme l'IHA.

Or on croise ici une question théorique importante, par rapport à laquelle nous manquons sans doute de recul : si l'on fait l'hypothèse que la « fabrique de l'histoire » se nourrit de la collecte de la mémoire orale et de son traitement, alors les moyens dont nous disposons (enregistrement, conservation, mise à disposition, exploitation) donnent une très grande ampleur à cette dimension – individuelle, subjective – du récit. On peut consigner une multitude de témoignages, très loin de l'histoire dominante ou officielle, très loin des « grands témoins ». Et, ce faisant, faire une place de premier plan à ces mémoires individuelles dont la variété même éclaire d'un jour nouveau l'histoire collective. Le monde industriel n'est pas seulement celui de la mise au travail généralisé. Il est aussi le fait de ceux qui travaillent et qui rusent avec les outils et les machines [12].

C.P. : *Dans* Histoire et mémoire, *J. Le Goff estime qu'il incombe aux professionnels scientifiques de la mémoire – anthropologues, historiens, journalistes, sociologues – « de faire de la lutte pour la démocratisation de la mémoire sociale un des impératifs prioritaires de leur objectivité scientifique* [13] *». Quels sont, de votre point de vue, les enjeux proprement politiques de l'élaboration historique d'une telle mémoire ? Y a-t-il eu, de ce point de vue et depuis sa création, des évolutions de cette structure qu'est l'IHA et si oui, pourquoi ?*

I.G. : Il est intéressant d'articuler les deux dimensions de cette question : quelles évolutions ? quelle place (éventuellement) faite à une démocratisation des études historiques (et quel sens donner à cette formule) ? L'IHA est marqué par une assez grande continuité institutionnelle, mais aussi par des évolutions récentes. Parmi celles-ci, la plus significative est sans doute l'élargissement des domaines d'activité pour y intégrer de plus en plus des questions liées à la mémoire et au patrimoine. L'IHA tend aujourd'hui à différencier deux types d'activité qui n'ont pas la même destination et qui sont conduites à cohabiter au sein de l'institut : une entreprise mémorielle et une entreprise historienne – au sens scientifique – académique de ce terme ; avec entre les deux, des relations de fertilisation réciproque. D'un côté : le développement d'un Centre de ressources, préservant et rendant accessibles des fonds d'archives et documentaires, une bibliothèque et une iconothèque numérique, des collections d'objets, des travaux d'auteurs constituant une mémoire vivante de cette industrie, et un réseau international de chercheurs travaillant sur (ou croisant) l'histoire de l'aluminium. De l'autre côté : une agence d'ingénierie historique, proposant ses services aux entreprises et organisations autour de ce que l'on a baptisé leur « capital-mémoire » – avec la richesse, et aussi les équivoques, que recouvre ce terme même d'« ingénierie historique ».

Les travaux d'histoire appliquée posent d'intéressantes questions méthodologiques et déontologiques. Ils doivent se frayer un chemin parfois étroit entre les exigences du travail scientifique et les objectifs des commanditaires en termes de management et/ou de communication. Ils révèlent que la demande de mémoire et d'histoire prend des formes diverses et ne peut se réduire à la seule production de *story telling* ou de *success stories* destinée à l'adhésion a-critique des membres de telle ou telle organisation ou entreprise. Des cabinets comme le *Winthrop Group* aux États-Unis proposent ainsi de travailler sur l'histoire des échecs au sein de l'entreprise – échecs constituant pour la structure elle-même des points ou moments d'achoppement ou des tournants.

On retrouve la question de Le Goff (aussi l'invitation de Benjamin à constituer une « histoire des anonymes ») à partir du moment où on se pose la question – d'une histoire

---

■ 12. On rejoint ici aussi la question – qui fait aujourd'hui débat – du bon usage des « cabinets d'histoire ».
■ 13. J. Le Goff, *Histoire et mémoire, op. cit.*, p. 176.

dans laquelle chacun puisse trouver sa place. Or l'idée – a fortiori la réalisation – d'une histoire commune est loin d'aller de soi. Justement : les mémoires à la constitution desquelles l'IHA travaille depuis trente ans maintenant participent d'une différenciation ou même d'une conflictualité sociale, politique, culturelle. Si l'on devait faire l'histoire d'un site industriel sans accès aux archives syndicales, administratives, on en resterait à une histoire traditionnelle et quasi monarchique. Les archives ou paroles recueillies de la part des responsables des CHST, ou des comités d'entreprise, alimentent la diversification des sources, et partant celle des descriptions et interprétations. Parmi les « sans-voix » que nous évoquions tout à l'heure, on pourrait citer la place des femmes dans le monde industriel. L'IHA a initié ou accompagné des travaux qui ont donné la parole à des métiers et des groupes rarement mis en valeur comme les secrétaires, les assistantes sociales, mais aussi aux consommatrices. On pourrait aussi citer, parmi les métiers de l'ombre dans les usines, que l'IHA a contribué à faire connaître, ceux de la maintenance et de l'entretien, les surveillants ou les agents de maitrise.

De même qu'on peut essayer à la fois de distinguer histoire et mémoire, on peut essayer de distinguer une « histoire libre » et une « histoire adhérente ». L'histoire libre est une production *à visée* scientifique ; ses procédures sont objectivées, ses résultats discutés ; elle s'appuie sur un usage codifié des sources – et en particulier par une approche critique méthodique, adossée à la tradition savante d'une narration laïcisée et soumise à l'exigence de la preuve. Une telle entreprise intellectuelle doit être nettement distinguée des productions abondantes de la « culture d'entreprise » et d'une « histoire adhérente » où l'on retrouve souvent des visions d'une histoire « pré-scientifique », essentiellement légitimante et à sa manière publicitaire – en recherche d'un récit fondateur.

Dans le monde de l'histoire appliquée à l'entreprise et aux organisations, cette histoire-mémoire à visées légitimantes me semble connaître une nouvelle fortune. Souvent, la commande n'est pas d'abord scientifique, ou pas seulement scientifique. L'histoire y est vue – ou même vendue par les cabinets d'histoire – comme un possible ciment d'une identité, ou d'une culture (les termes sont rarement bien définis). Mais on voudrait bien que le socle de cette histoire mémoire soit « opposable », qu'on puisse s'autoriser (tout de même) d'une « parole d'experts ». D'où les marges de liberté pour l'historien qui peut vendre de la « vraie science » comme étape de travail, à charge ensuite de la transformer en outil/support de communication par exemple. L'IHA accueille en ce moment deux contrats de recherche qui ne sont pas accrochés à des projets de communication interne ou externe et où l'enjeu est d'abord de connaissance. Si le commanditaire souhaite souvent maîtriser la diffusion de ses connaissances, si les clauses de confidentialité sont fréquentes, cela n'empêche pas en général des publications scientifiques dans le prolongement de ces travaux.

Tout cela reste objet de négociation, et appelle une vigilance constante, si et parce que l'on est attaché au principe de vérité, et que l'on sait la finitude de l'entreprise elle-même – malgré la performance des médiations techniques et la qualité des recherches, le passé nous échappe en bonne partie, et la mémoire fait réellement partie de l'immaîtrisé, et peut-être de l'immaîtrisable.

Entretien réalisé par Nathalie Chouchan, avril-mai 2017

LES INTROUVABLES
DES CAHIERS

« RENONCER AUX MOTS »
LE SILENCE DANS LA CULTURE
APACHE OCCIDENTALE

Présentation de Jean-François Caro

Figure notable de l'anthropologie américaine et des études amérindiennes, Keith H. Basso (1940–2013) a contribué à mettre au jour les traditions culturelles contemporaines des Apaches occidentaux. En 1959, alors jeune étudiant en anthropologie à Harvard, il effectue son premier voyage en Arizona, où il rencontre la communauté White Mountain de Cibecue. Les relations qu'il noue se poursuivront tout au long d'une carrière de plus de cinquante ans dédiée à l'étude des comportements linguistiques des Apaches occidentaux. Doté d'une connaissance intime de la langue et de la culture apache, Keith Basso a également œuvré auprès du *Western Apache NAGPRA Working Group* pour la restitution d'objets apaches détenus par différents musées américains. Outre une anthropologie générale de la communauté de Cibecue (*The Cibecue Apache,* 1970), on lui doit des études sur la pratique de la sorcellerie (*Western Apache Witchcraft,* 1969) ou sur les plaisanteries apaches à l'encontre de l'« homme blanc » (*Portraits of « the Whiteman » : Linguistic Play and Cultural Symbols among the Western Apache,* 1979). Dans son ouvrage le plus célèbre, *Wisdom Sits in Places* [1], Basso explore les relations complexes qu'entretiennent les Apaches avec leurs toponymes, véritables réservoirs de savoir culturel et moral. Initialement publié en 1970 dans le *Southwestern Journal of Anthropology,* le présent essai, inédit en français, explore l'emploi et le rôle du silence dans les interactions quotidiennes des Apaches de Cibecue. « Renoncer aux mots » pose les jalons de l'anthropologie de la parole que Basso développera par la suite. Le silence s'y révèlera être une condition essentielle des actes de langage qui tissent avec subtilité et puissance la mémoire collective avec les lieux.

CAHIERS PHILOSOPHIQUES ▸ n° 149 / 2ᵉ trimestre 2017

---

1. K. H. Basso, *L'Eau se mêle à la boue dans un bassin à ciel ouvert,* Bruxelles, Zones Sensibles, trad. fr. J.-F. Caro, 2016 [N.D.T.].

« RENONCER AUX MOTS » : LE SILENCE DANS LA CULTURE APACHE OCCIDENTALE [2]

Keith H. Basso

Combinant des méthodes employées en ethnoscience et en sociolinguistique, cet article formule une hypothèse destinée à expliquer pourquoi, dans certains types de situations, les membres de la société apache occidentale s'abstiennent de parler. En dépit de l'extrême insuffisance des données interculturelles sur le silence, certaines preuves recueillies suggèrent que cette hypothèse peut également s'appliquer à d'autres sociétés.

> Le silence d'un homme ne signifie pas qu'il ne dit rien.
>
> Anonyme

I

Quiconque a quelque connaissance de la littérature concernant les Indiens d'Amérique a probablement lu des déclarations prêtant à ce peuple une nette prédilection pour le silence, ou, pour reprendre l'expression d'un auteur, « une profonde réticence à parler lorsque cela n'est pas absolument nécessaire ». Cette caractérisation est particulièrement répandue dans la littérature populaire, qui l'attribue fréquemment à des causes aussi douteuses que la « dignité instinctive », la « pauvreté linguistique » ou, peut-être la plus malvenue, le « manque d'amabilité » des Indiens. Bien que des telles affirmations soient totalement erronées et dangereusement illusoires, il convient de remarquer que les anthropologues professionnels ne s'emploient guère à les corriger. À de rares exceptions près, les ethnographes et les linguistes accordent peu d'attention aux interprétations culturelles du silence ou, tout aussi important, aux contextes sociaux dans lesquels il se manifeste régulièrement.

Ce travail entend explorer certains aspects du silence dans la culture des Apaches occidentaux du centre-est de l'Arizona. Après avoir abordé quelques-unes des questions théoriques en jeu, je proposerai une brève description d'un certain nombre de situations – récurrentes dans la société apache occidentale – dans lesquelles un ou plusieurs participants s'abstiennent de

■ 2. À différentes étapes de sa conduite entre 1964 et 1969, le travail de recherche sur lequel s'appuie cet article a été soutenu par une bourse U.S.P.H.S. Grant MH-12691-01 délivrée par l'*American Philosophical Society* et par un financement du *Doris Duke Oral History Project at the Arizona State Museum.* Que ces soutiens soient chaleureusement remerciés. Je tiens également à exprimer ma gratitude envers les chercheurs suivants, qui ont bien voulu apporter leurs commentaires sur une première version de cet article : Y. R. Chao, Harold C. Conklin, Roy G. D'Andrade, Charles O. Frake, Paul Friedrich, John Gumperz, Kenneth Hale, Harry Hoijer, Dell Hymes, Stanley Newmann, David M. Schneider, Joel Sherzer et Paul Turner. Si la version finale a fortement bénéficié de leurs critiques et de leurs suggestions, la responsabilité pour sa forme et son contenu actuels repose uniquement sur son auteur. Une version préliminaire de cet article a été présentée lors de la réunion annuelle de l'*American Anthropological Association* à la Nouvelle-Orléans, en Louisiane, en novembre 1969. Une version modifiée de cet article est à paraître dans *Studies in Apachean Culture and Ethnology,* Keith H. Basso, Morris Opler (eds), Tucson, University of Arizona Press, 1970.

parler pendant des périodes prolongées[3]. Ces propos seront accompagnés d'une analyse du mode d'interprétation de ces actes de silence et des raisons pour lesquelles ils sont encouragés et tenus pour appropriés. En conclusion, je proposerai une hypothèse élucidant les raisons qui poussent les Apaches occidentaux à s'abstenir de parler dans ces situations, tout en suggérant qu'une vérification adéquate permettrait de démontrer que cette hypothèse s'applique au silence dans d'autres cultures.

II

Une découverte élémentaire de la sociolinguistique réside dans le fait que l'usage du langage est plus sensible aux influences extralinguistiques que le langage lui-même. (Hymes, 1962, 1964 : Ervin-Tripp, 1964, 1967 ; Gumperz, 1964 ; Slobin, 1967). Plusieurs travaux récents ont par conséquent interrogé la problématique de la délimitation de la portée et du conditionnement des formes de message par les facteurs liés à l'environnement social des événements de parole (*cf.* Brown et Gilman, 1960 ; Conklin, 1959 ; Ervin-Tripp, 1964, 1967 ; Frake, 1964 ; Friedrich, 1966 ; Gumperz, 1961, 1964 ; Martin, 1964). On peut considérer que ces travaux adoptent la théorie désormais familière qui assimile la communication verbale à un processus de prise de décision au gré duquel un locuteur ayant initialement décidé de prendre la parole sélectionne parmi un répertoire de codes disponibles celui qui est le plus approprié à la situation présente. Une fois le code sélectionné, le locuteur choisit un canal de transmission adéquat, puis finalement choisit une expression parmi un ensemble d'expressions équivalentes à l'intérieur du code. L'intelligibilité de l'expression qu'il choisit est évidemment sujette à des contraintes grammaticales, mais pas sa recevabilité. Les règles présidant la sélection d'alternatives linguistiques opèrent sur des éléments de l'environnement social et sont à la mesure de celles qui dictent le déroulement des interactions en face à face. Aussi convient-il de les conceptualiser comme résidant à l'extérieur de la structure du langage en tant que tel.

Ainsi, pour qu'un étranger parvienne à établir une communication appropriée avec les membres d'une société inconnue, apprendre à formuler des messages intelligibles ne suffit pas. Une autre chose est nécessaire : une connaissance des différents types de codes, de canaux et d'expressions auxquels recourir selon la situation et selon les interlocuteurs – il faut, pour reprendre les termes de Hymes (1964), une « ethnographie de la communication ».

Un faisceau de preuves suggère que les facteurs extralinguistiques influencent non seulement l'usage, mais aussi l'occurrence réelle de la parole. Dans notre propre culture, par exemple, des remarques telles que « Tu devrais apprendre à te taire », « Ne prends pas la parole avant d'avoir été présenté »

---

3. Les situations décrites dans cet article ne sont pas les seules occasions lors desquelles les Apaches occidentaux s'abstiennent de parler. Il existe un deuxième ensemble – qui n'est pas abordé ici en raison de données incomplètes – dans lequel le silence semble traduire une volonté de manifester du respect, généralement à l'endroit de personnes occupant une position d'autorité. Un troisième ensemble, encore très mal compris, englobe des spécialistes rituels qui affirment devoir garder le silence lors de certaines étapes de la préparation d'instruments cérémoniaux.

et « Souviens-toi qu'on ne doit pas parler à l'église » soulignent toutes le fait que la décision d'un individu de prendre la parole est parfois directement subordonnée aux caractéristiques de son environnement. Peu d'entre nous sont prêts à affirmer que « le silence est d'or » constitue une prescription valable pour tout le monde à chaque instant. Mais nous estimons que le silence est une vertu pour certains, quelquefois, et nous enjoignons les enfants sur la voie de la compétence culturelle à agir en conséquence.

Bien que la forme du silence demeure toujours identique, la fonction d'un acte de silence spécifique – c'est-à-dire son interprétation par autrui et l'effet qu'il produit sur lui – est soumise à des variations selon le contexte social dans lequel il est effectué. Si, par exemple, je décide de rester silencieux dans une chambre présidée par un juge de la Cour suprême, mon acte sera probablement interprété comme une marque de politesse ou de déférence. Si, au contraire, je m'abstiens de parler à un ami ou un collègue de longue date, on m'accusera certainement d'être impoli ou de nourrir de la rancune envers lui. Dans l'un de ces deux exemples, mon comportement sera jugé « convenable » ou « approprié » ; dans l'autre, on me reprochera une attitude « déplacée ».

L'enjeu me paraît évident. Pour un étranger entrant en contact avec une société inconnue, savoir quand *s'abstenir* de parler peut s'avérer aussi élémentaire que de savoir quoi dire en vue de produire un comportement culturel approprié. Il paraît donc raisonnable qu'une ethnographie de la communication adéquate ne se limite pas à la seule analyse d'un choix parmi des répertoires verbaux. Elle doit également, comme l'a suggéré Hymes (1962, 1964), énoncer les conditions dans lesquelles les membres de la société décident régulièrement de s'abstenir de tout comportement verbal.

III

Le travail de recherche sur lequel s'appuie cet article a été mené sur une période de seize mois (1964-1969) dans la colonie apache occidentale de Cibecue, sise à proximité du centre de la réserve indienne de Fort Apache, dans le centre-est de l'Arizona. Les 800 habitants de Cibecue vivent d'une économie instable associant agriculture de subsistance, élevage, salariat sporadique et financements publics sous la forme d'aides et d'allocations sociales. Le chômage constitue un problème endémique, et les conditions de vie précaires sont monnaie courante.

Bien que la vie au sein de la réserve ait accéléré des transformations considérables dans la composition et la distribution géographique des groupes sociaux apaches occidentaux, les liens de consanguinité – réels et imputés – demeurent l'influence la plus puissante dans la constitution et la régulation des relations interpersonnelles (Kaut, 1957 ; Basso, 1970). Le foyer de l'activité domestique est incarné par le « camp » individuel ou *gowáá*. Ce terme désigne à la fois les occupants et l'emplacement d'une habitation individuelle ou, le plus fréquemment, d'un groupe de logements bâtis à quelques mètres les uns des autres. La majorité des *gowáá* de Cibecue sont occupés par des familles nucléaires. La deuxième unité d'habitation la plus importante est le *gotáá* (camps regroupés), constitué par un groupe de *gowąą* géographiquement localisés dont chacun abrite au moins une personne adulte unie par des liens de parenté matrilinéaires aux habitants de tous les autres. Un système complexe de clans exogames sert à étendre les relations de parenté au-delà des *gowąą* et des *gotáá* et facilite les actions concertées dans le cadre de différents projets, notamment la tenue de cérémonies, qui requièrent une main-d'œuvre importante. Malgré la présence à Cibecue de divers missionnaires anglo-saxons et d'un nombre décroissant d'hommes-médecine, les rituels diagnostiques et les guérisons ainsi que les cérémonies de la puberté des jeunes filles continuent d'avoir lieu régulièrement (Basso, 1996, 1970). La pratique de la sorcellerie persiste sous des formes inchangées (Basso, 1969).

IV

Parmi les nombreuses grandes catégories d'événements ou de scènes qui constituent la vie quotidienne des Apaches occidentaux, je me concentrerai exclusivement sur celles qui coïncident avec ce que Goffman (1961, 1964) nomme les « rassemblements focalisés » ou « rencontres ». Conformément à l'usage établi, le concept de *situation* renverra exclusivement à la localisation de ce type de rassemblements, leur environnement physique, le moment où ils prennent place, les modèles de comportement établis qui les accompagnent et les attributs sociaux de leurs participants (Hymes, 1962, 1964 ; Ervin-Tripp, 1964, 1967).

Dans les pages suivantes, je m'intéresserai toutefois principalement aux rôles et aux statuts des participants. La raison à cela est que le facteur déterminant qui, chez les Apaches, influence la décision de parler ou de rester silencieux, semble systématiquement relever de la nature des relations qu'ils entretiennent avec autrui. Si d'autres aspects de la situation demeurent certainement importants, c'est uniquement dans la mesure où ils influencent la perception des statuts et des rôles[4]. Cela signifie évidemment que les rôles et les statuts ne sont pas des attributs fixes. Bien que l'on puisse les caractériser ainsi au sein d'un modèle statique (et souvent à juste titre), ils sont évalués et mis en œuvre dans des contextes sociaux particuliers et se prêtent par conséquent à des redéfinitions et des variations[5]. En gardant ces données à l'esprit, tournons-nous à présent vers les Apaches occidentaux et les types de situations dans lesquelles, pour reprendre l'expression de l'un de mes informateurs, « il vaut mieux renoncer aux mots ».

▥ 4. Des travaux récents dans le champ de la sociologie des interactions, notamment réalisés par Goffman (1963) et Garfinkel (1967), tendent à suggérer que les relations sociales constituent partout les principaux déterminants du comportement verbal. Dans ce cas précis, comme Gumperz (1967) le démontre brillamment, il devient méthodologiquement discutable d'envisager les divers composants des événements de communication comme des variables indépendantes. Gumperz (1967) présente un modèle hiérarchique, sensible aux relations de dépendance, dans lequel les composants sont perçus comme des étapes du processus de communication. Chaque étape fait figure d'intrant à l'étape suivante. L'étape élémentaire, c'est-à-dire l'intrant initial, prend la forme de l'entrée « identités ou statuts sociaux ». Pour plus de détails, voir Slobin, 1967, p. 131-134.

▥ 5. Je souhaite souligner ici que l'accent mis sur les relations sociales est en parfait accord avec l'interprétation que livrent les Apaches occidentaux de leur propre comportement. Lorsque je leur ai demandé d'expliquer la raison de leur silence ou de celui d'autrui dans une occasion spécifique, mes informateurs se sont invariablement exprimés en termes de *qui* était présent à ce moment.

V

1. Les « rencontres entre des inconnus » (*nda dòhwáá'iłtsééda*)

Le terme *nda* désigne deux catégories selon deux niveaux de contraste. Dans son sens le plus général, il désigne toute personne – apache ou non – qui, préalablement à une rencontre initiale, n'a jamais été vue et qui par conséquent ne peut être identifiée. Ce terme est en outre employé pour désigner des Apaches qui, en dépit d'avoir déjà été vus et d'être connus à travers un certain nombre de critères extérieurs, tels que leur affiliation à un clan ou leur patronyme, n'ont jamais pris part à une interaction en face à face. Plus restreinte que la première, cette catégorie comprend notamment les habitants de la réserve voisine de San Carlos, les résidents de Fort Apache géographiquement éloignés de Cibecue, et ceux qui appartiennent à la catégorie des *kii dòhandáágo* (sans lien de parenté). Dans chacun des cas, les « inconnus » sont séparés par une distance sociale. Et dans chacun des cas, il est considéré comme approprié de s'abstenir de parler lorsqu'on les rencontre pour la première fois.

Décrit comme une « rencontre entre des inconnus » (*nda dòhwáá'iłtsééda*), ce type de situation peut survenir dans d'innombrables environnements physiques. Celle-ci s'avère toutefois plus fréquente lors des fêtes ou les rodéos qui, en raison de leurs fortes affluences, s'avèrent extrêmement propices aux rencontres fortuites. L'absence de communication verbale entre des inconnus tend à passer inaperçue lors des grands rassemblements mais devient nettement perceptible parmi les groupes plus réduits. L'incident décrit ci-dessous, qui implique deux inconnus rejoignant une équipe de quatre vachers chargés de rassembler le bétail, en est un bon exemple. Mon informateur, lui-même membre de l'équipe, s'est remémoré l'épisode suivant :

> Un jour, je me trouvais avec A, B et X à Gleason Flat. Nous nous occupions du bétail. Cet homme, X, venait de East Fork [communauté sise à environ 65 kilomètres de Cibecue], d'où la femme de B était originaire. Mais il ne connaissait pas A, je crois bien qu'il ne l'avait jamais vu. Le premier jour, j'ai travaillé avec X. Le soir, au camp, nous avons discuté avec B, mais X et A ne se sont pas dit un mot. Pareil le deuxième jour. Pareil le troisième. Et puis, le quatrième soir, nous étions assis autour du feu. X et A ne se parlaient toujours pas. Puis A s'est mis à dire : « Je sais qu'il y a ici quelqu'un que je ne connais pas, mais pour l'avoir observé, je sais que c'est quelqu'un de bien. » Par la suite, X et A ont beaucoup discuté ensemble. [...] Comme ils ne se connaissaient pas au départ, ils ont préféré prendre leur temps.

Comme le suggère cet épisode, les Apaches occidentaux ne se sentent pas tenus de « présenter » des gens qui ne se connaissent pas. Les inconnus, présume-t-on, finiront par s'adresser la parole. La décision appartient cependant aux individus concernés, et aucune tentative n'est entreprise pour la précipiter. Toute assistance extérieure, prodiguée sous la forme de présentations ou d'autres opérations verbales, est perçue comme un geste condescendant et superflu.

Les inconnus trop prompts à engager la conversation s'attirent fréquemment des regards ouvertement suspicieux. Une réaction typique suscitée par ce genre d'individus est qu'ils « veulent quelque chose » ; en d'autres termes, on attribue leur volonté de violer cette convention à un besoin impérieux susceptible de se solder par des sollicitations d'argent, de travail ou de transport. La loquacité des inconnus peut également être mise sur le compte de la boisson.

Si l'inconnu est un Anglo-Saxon, on suppose généralement qu'il « cherche à nous faire la leçon » (c'est-à-dire donner des ordres ou des instructions) ou qu'il « cherche à se faire des amis à la hâte ». Cette dernière réaction s'avère particulièrement révélatrice, en ce que les Apaches occidentaux font preuve d'une grande réticence à l'idée d'être contraints à nouer des amitiés hâtives – avec les Anglo-Saxons comme avec leurs semblables. Leur réserve vis-à-vis des inconnus entretient un lien direct avec la conviction que nouer des relations sociales est une affaire sérieuse nécessitant de la prudence, un jugement réfléchi, et beaucoup de temps.

2. Les « relations sentimentales » (*líígoláá*)

Lorsqu'un jeune homme et une jeune femme commencent à se fréquenter, ils ne s'adressent pas la parole pendant une période prolongée. Cette situation se manifeste dans toute une variété d'environnements – elle peut en réalité prendre place pratiquement partout – et virtuellement à tout moment de la journée ou de la nuit, mais s'observe le plus souvent lors de grands rassemblements publics tels que les cérémonies, les veillées et les rodéos. Lors de ces événements, il arrive que les « amoureux » (*zééde*) se tiennent debout ou assis (parfois en se tenant la main) pendant plus d'une heure sans échanger un mot. Certains adultes parmi mes informateurs affirment que la réticence des jeunes à se parler peut même s'amplifier lorsqu'ils se retrouvent seul à seul.

Les Apaches qui commencent à se fréquenter attribuent leur silence à une « extrême timidité » (*'isté'*) et à un profond sentiment d'« embarras » (*dàyéézi'*) qui provient selon eux d'un manque de familiarité réciproque. Plus spécifiquement, ils déplorent de « ne pas savoir quoi faire » en leur présence mutuelle et la crainte de paraître « bête » ou « stupide », aussi réfléchies soient leurs paroles[6].

Un de mes informateurs, un jeune homme âgé de dix-sept ans, livre le commentaire suivant :

Au début, c'est difficile de parler avec son amoureuse. Elle ne vous connaît pas et vous ne savez pas quoi dire. Elle ressent la même chose. On ne sait pas

---

■ 6. Chez les Apaches occidentaux, les règles de l'exogamie dissuadent les membres d'un même clan (*kii àłhánigo*) de faire la cour à des membres de clans dits « apparentés » (*kii*), avec pour conséquence que les amoureux sont presque invariablement des « cousins non matrilinéaires » (*dòhwàkíída*). À la différence des « cousins matrilinéaires » (*kii*), ces individus ont moins de chances, durant leur enfance, de nouer des relations d'intimité, si bien que deux jeunes gens qui commencent à se fréquenter se connaissent relativement peu. Aussi n'est-il guère surprenant de les voir se comporter comme deux inconnus.

encore comment se parler [...] et ça nous rend très timides. Alors parfois, on ne dit rien du tout. On se contente de se balader en silence. Au début, c'est mieux comme ça. Ensuite, au bout d'un certain temps, quand on se connaît mieux, on perd sa timidité et on arrive à se parler.

Les Apaches occidentaux établissent une équation entre la facilité et la fréquence à laquelle un jeune couple se parle et son degré d'intimité. Ainsi est-il attendu qu'après plusieurs mois passés à se fréquenter, les amoureux commencent à engager de longues conversations. Plus tôt dans la relation, cependant, les discussions prolongées sont parfois ouvertement dissuadées. Notamment chez les jeunes filles, dont la mère et les sœurs aînées leur indiquent que garder le silence dans leurs fréquentations est une marque d'humilité, et que parler trop facilement trahit des expériences antérieures avec les hommes. Dans certains cas extrêmes, ajoutent-elles, on l'interprète pour un désir d'avoir des relations sexuelles. Selon une femme de trente-deux ans :

> Voilà ce que j'ai dit à ma fille : « Sois patiente quand des garçons viennent au camp et veulent t'emmener quelque part. Quand ils te parlent, contente-toi de les écouter au début. Tu ne sauras peut-être pas quoi dire. Si c'est le cas, ne dit pas tout ce qui te passe par la tête. Si tu parles trop facilement à ces garçons, ils comprendront que tu les connais. Ils penseront que tu en as connu beaucoup d'autres avant eux et ils iront le raconter. »

3. Les « retrouvailles avec les enfants » (*čagaše nakáii*)

Le lexème apache occidental *iltá'ìnatsáá* (retrouvailles) est employé pour décrire la rencontre entre un individu et ses proches après une longue absence en dehors de son foyer. Les retrouvailles les plus répandues, nommées *čagaše nakáii* (les retrouvailles avec les enfants), concernent des enfants de retour de l'internat et leurs parents. Elles ont lieu à la fin mai ou au début du mois de juin, et prennent généralement place devant un poste de traite ou une école, où les parents se rassemblent pour attendre l'arrivée des autocars qui ramènent les enfants chez eux. Lorsque ces derniers descendent du véhicule et cherchent leurs parents du regard dans la foule, on pourrait s'attendre à ce qu'ils soient accueillis par un flot de salutations verbales. Dans la majeure partie des cas, cependant, celles-ci sont rares voire inexistantes. Il n'est en effet pas rare que les parents et leurs enfants ne s'adressent pas la parole pendant près de quinze minutes.

Lorsque le silence est rompu, c'est presque toujours le fait de l'enfant. Ses parents l'écoutent attentivement mais ne parlent presque pas du tout. Leur attitude perdure après que la famille a regagné l'intimité de son campement, et jusqu'à deux ou trois jours peuvent s'écouler avant que les parents ne cherchent à engager une longue conversation avec leur enfant.

D'après mes informateurs, le silence des parents apaches lors des retrouvailles avec leurs enfants (et après celles-ci) provient essentiellement de la possibilité que ces derniers aient subi des influences négatives durant leur séjour loin de chez eux. La plus grande crainte des parents est de passer pour ignorants, vieux jeu et embarrassants aux yeux de leurs enfants, qui ont été longuement exposés aux attitudes et aux valeurs anglo-saxonnes. L'un de mes informateurs parmi les plus réfléchis et les plus éloquents commente ce problème de la façon suivante :

> On ne sait pas du tout à quoi s'attendre quand ces enfants fréquentent des Blancs pendant si longtemps. Parfois ils ne sont plus les mêmes [...] ils oublient d'où ils viennent et ils éprouvent de la honte lorsqu'ils rentrent chez eux, parce que leurs parents et leur famille sont pauvres. Ils ne savent plus comment se comporter avec les leurs et perdent facilement leur calme. Ils sortent la nuit et provoquent des bagarres. Ils ne restent pas chez eux.
>
> À l'école, certains apprennent à vouloir devenir comme les Blancs, et ils se comportent comme ça quand ils sont de retours. Mais nous restons des Apaches ! Alors nous ne les reconnaissons plus, comme des inconnus. Il est difficile de leur parler dans cet état.

Les parents apaches admettent volontiers qu'après un long séjour loin de chez eux, leurs enfants affichent initialement un comportement distant et étrange. Ils ont grandi, bien sûr, et ont peut-être changé physiquement. Mais plus fondamentale est la crainte que leurs idées et leurs attentes aient changé, modifiant leur comportement de manière imprévisible. Mais aussi pressante soit cette inquiétude, il est jugé déplacé de questionner un enfant qui vient de rentrer chez lui. Les parents s'attendent à la place à ce qu'après une courte période, il commencera à dévoiler des informations personnelles qui leur permettront de déterminer en quoi ses opinions et ses attitudes ont changé ou non. Telle est la raison pour laquelle, selon les Apaches, les enfants sont pratiquement les seuls à parler durant les heures qui suivent des retrouvailles tandis que leurs parents observent un silence inhabituel. Voici ce que dit un homme, père de deux enfants récemment rentrés de leur internat, situé en Utah :

> Oui, c'est vrai, ma femme et moi ne leur avons pas beaucoup parlé quand ils sont arrivés. Ils avaient passé beaucoup de temps loin de chez nous et nous ne savions pas s'ils seraient heureux de rentrer. Alors nous avons attendu. Ils ont tout de suite commencé à nous raconter ce qu'ils ont fait là-bas. Nous avons rapidement compris qu'ils étaient contents d'être de retour. Alors nous nous sommes sentis bien. Et nous avons pu recommencer à parler avec eux. Comme avant leur départ.

4. « Se faire injurier » (*šiłditéé*)

Ce lexème est employé pour décrire toute situation dans laquelle un individu pris de colère profère des insultes et des reproches à autrui. Ces invectives visent généralement celui ou ceux qui les ont provoquées, quoique pas systématiquement : un Apache qui s'emporte sous l'effet de la colère est susceptible de s'épancher sur quiconque croise son chemin ou se trouve à portée de voix. Cette situation peut par conséquent toucher un grand nombre de personnes parfaitement innocentes des accusations dont on les accable.

Mais qu'elles soient ou non concernées, leur réaction demeure invariable : elles s'abstiennent de parler.

À l'instar des autres situations abordées jusqu'à présent, « se faire injurier » peut survenir dans un grand nombre d'environnements physiques : lors d'une danse cérémonielle ou à un poste de traite, à l'intérieur ou à l'extérieur d'un *wickiup* ou d'une maison, lors d'une séance de cueillette ou de lèche-vitrines – en bref, partout et à chaque fois que les individus perdent leur sang-froid et s'en prennent verbalement aux personnes à proximité.

Bien que « se faire injurier » soit une situation foncièrement indépendante de tout contexte, les Apaches occidentaux la redoutent plus que tout lors des rassemblements publics où l'on consomme de l'alcool. Mes informateurs ont notamment observé que lors des « soirées arrosées » (*dá'idlą́ą́*), où les plaisanteries désobligeantes et les prises à parti caricaturales sont monnaie courante, les remarques bienveillantes peuvent aisément passer pour des insultes. Ainsi provoquées, les personnes en état d'ébriété peuvent se montrer hostiles et se lancer dans des tirades véhémentes, souvent de manière inattendue.

Le silence des Apaches qui se font injurier s'explique très fréquemment à la lumière de la croyance selon laquelle les individus « enragés » (*haškéé*) sont également irrationnels ou « fous » (*bìné'idjį*). Dans cet état, on estime qu'ils « oublient qui ils sont » et qu'ils n'ont plus conscience de leurs paroles ou de leurs actes. Ils cessent en outre de se préoccuper des conséquences de leur comportement envers autrui. En bref, ils deviennent dangereux. Selon un informateur :

> Les gens qui se mettent en colère deviennent fous. Ils se mettent à hurler et à dire de mauvaises choses. Certains déclarent vouloir tuer quelqu'un à cause d'une chose qu'il aurait faite. Certains restent longtemps dans cet état. Certains vont d'un camp à l'autre, furieux, en hurlant comme s'ils étaient devenus fous. Certains restent comme ça longtemps. Quand ils sont comme ça, ils ne comprennent pas ce qu'ils disent, et on ne sait pas ce qu'ils ont derrière la tête. Si vous croisez quelqu'un dans cet état, il faut simplement s'éloigner. S'il vous crie dessus, laissez-le dire ce qui lui chante. Laissez-le parler. Il ne pense peut-être pas ce qu'il dit. Mais il ne le sait pas. Il est peut-être devenu fou et pourrait essayer de vous tuer.

Selon un autre Apache :

> Quand quelqu'un s'énerve sur vous et se met à hurler sur vous, ne faites rien qui puisse faire empirer la situation. N'essayez pas de le calmer parce qu'il ne comprendra pas pourquoi vous faites ça. Cela risquerait de l'enrager encore plus et il pourrait vous faire du mal.

Comme le suggère cette dernière déclaration, les Apaches occidentaux réagissent en présupposant que les individus enragés – en proie à un état de « folie » temporaire – sont difficiles à raisonner. Une conviction répandue veut en effet que les tentatives de conciliation ne font qu'intensifier leur colère, et par là augmentent les risques de violence physique. La stratégie appropriée face aux injures consiste à ne rien entreprendre, à éviter toute action susceptible d'attirer l'attention sur soi. Étant donné que les mots produisent précisément l'effet inverse, le recours au silence est fortement recommandé.

5. « Se trouver en présence de gens tristes » (*nde dòbiłgòzóódaa bigą́ą́*)

Bien qu'on ne lui connaisse pas d'équivalent en anglais, l'expression apache occidentale désignant cette situation renvoie très spécifiquement à des rassemblements lors desquels un individu se retrouve en présence d'une personne qui vient de perdre son compagnon ou un membre de sa famille. Distinct des veillées et des enterrements qui prennent place immédiatement après un décès, ce type de situation survient généralement plusieurs semaines plus tard. À ce stade, les proches du défunt sortent d'une période de deuil profond (lors duquel ils s'aventurent rarement au-delà des limites de leur campement) et commencent à reprendre leurs activités normales au sein de la communauté. Pour ceux qui souhaitent leur exprimer leur sympathie, ce comportement est perçu comme un signe indiquant que les visiteurs seront accueillis et, si possible, se verront offrir à boire et à manger. Pour les individus moins attentionnés, cela signifie qu'ils doivent se préparer à des rencontres fortuites avec la famille endeuillée.

On peut « se trouver en présence de gens tristes » sur un sentier, dans un camp, à l'église ou à un poste de traite ; mais quel que soit l'environnement – et que l'événement résulte d'une visite planifiée ou d'une rencontre fortuite –, ce type de situation est caractérisé par la rareté des mots échangés. Interrogés sur le sujet, mes informateurs proposent trois formes d'explication. Selon la première, les gens « tristes » sont si affectés par un « profond chagrin » (*dółgozóóda*) que parler représente pour eux un effort physique extraordinaire. Éviter d'engager la conversation avec eux s'avère donc une attention polie et bienveillante.

Une deuxième explication autochtone veut que la communication verbale soit essentiellement inutile dans ce genre de situations. Tout le monde est au fait de l'événement qui s'est produit, si bien que l'évoquer, ne serait-ce que dans le but d'apporter du réconfort et de transmettre son affection, ne ferait que redoubler la tristesse des proches du défunt. Une fois encore, par politesse, il est préférable de l'éviter.

La troisième explication repose sur la conviction selon laquelle le « profond chagrin », à l'instar de la colère violente, produit des changements chez celui ou celle qui l'éprouve. Les Apaches occidentaux en tiennent pour preuve leurs nombreux exemples de gens ordinairement paisibles et mesurés que la charge émotionnelle provoquée par un décès, associée au sentiment accablant d'une perte irrévocable, a rendus injurieux, hostiles et physiquement violents.

Cette vieille femme, X, vit sur l'autre rive de Cibecue Creek. Quand son mari est mort, elle s'est mise à pleurer tout le temps, pendant très longtemps. Ensuite, je pense qu'elle est devenue méchante, parce que tout le monde disait qu'elle buvait beaucoup et provoquait des bagarres. Même avec ses proches, elle s'est comportée comme ça pendant très longtemps. Elle était trop triste d'avoir perdu son mari. C'est ce qui l'avait rendue comme ça ; ça lui avait fait perdre la tête.

Mon père s'est retrouvé dans le même état quand sa femme est morte. Il restait cloîtré chez lui et refusait d'aller où que ce soit. Il ne parlait plus à aucun de ses proches, ni à ses enfants. La seule chose qu'il disait, c'était : « J'ai faim. Fais-moi à manger. » Rien d'autre. Il est resté comme ça pendant longtemps. Son esprit n'était pas avec nous. Il était toujours avec sa femme.

Mon oncle est mort en 1941. Tout de suite après, sa femme est devenue complètement folle. Deux jours après l'enterrement, nous sommes allés lui rendre visite chez elle pour passer du temps avec ceux qui restaient seuls. Ma tante est devenue furieuse. Elle a dit : « Pourquoi êtes-vous venus ici ? Vous ne me ramènerez pas mon mari. Je suis capable de prendre soin de moi et de ceux qui vivent dans mon camp, alors rentrez chez vous. » Elle était vraiment devenue folle à cette époque, elle était trop triste parce que son mari était mort. Elle ne savait pas ce qu'elle disait, parce qu'environ une semaine plus tard, elle s'est rendue à notre camp et nous a dit : « Mes proches, je vais bien à présent. Quand vous êtes venus m'aider, j'avais trop de chagrin en moi et mon esprit n'allait pas bien. Je vous ai dit de mauvaises choses. Mais à présent je vais bien et je sais ce que je fais. »

Comme l'indiquent ces déclarations, les Apaches occidentaux estiment qu'une personne en proie à un « profond chagrin » est susceptible d'être perturbée et instable. Même si elle peut sembler en pleine possession de ses moyens, dit-on, il y a toujours la possibilité qu'elle soit émotionnellement bouleversée et, par conséquent, sujette à des crises imprévisibles et inhabituelles. Les Apaches reconnaissent que ce type d'individus peuvent apprécier avoir une conversation dans le contexte de « se trouver en présence de gens tristes » mais craignent toutefois qu'elle se révèle explosive. Dans de telles conditions, semblables à celles que nous avons décrites dans la situation n° 4, garder le silence est considéré comme un choix aussi opportun qu'approprié.

6. « Se trouver en présence de ceux pour qui l'on chante » (nde bidádìstááha bigą́ą́)

Ce dernier type de situation se limite à un faible nombre de lieux physiques et est plus directement influencé par les facteurs temporels que toutes les situations précédemment analysées. « Se trouver en présence de ceux pour qui l'on chante » survient dans le seul contexte des « cérémonies de guérison » (gòjitál ; èdotál). Celles-ci débutent au début de la nuit et s'achèvent le lendemain matin, peu de temps avant l'aube. À la fin de l'automne et tout au long de l'hiver, les cérémonies de guérison prennent place dans le wickiup ou la maison du patient. Le printemps et l'été, elles se déroulent en extérieur, dans les environs du camp du patient ou sur des terrains de danse spécialement désignés pour cette occasion, qui accueillent régulièrement toutes sortes de rituels collectifs.

Avant le début de la cérémonie, toutes les personnes présentes peuvent juger bon de parler au patient ; celui-ci se trouvant au centre de l'attention, il est en effet attendu de ses amis et de sa famille qu'ils cherchent à lui communiquer leurs encouragements et leur soutien. Les conversations prennent cependant fin lorsqu'on informe le patient du début imminent de la cérémonie, et cessent complètement lorsque l'homme-médecine chargé de la conduite du rituel commence à chanter. Dès lors, jusqu'à la fin du dernier chant le lendemain matin, il est inapproprié que quiconque hormis l'homme-médecine (et ses potentiels assistants) adresse la parole au patient[7].

Afin d'apprécier la manière dont les Apaches expliquent cette convention, il nous faut brièvement éclairer le concept de « force surnaturelle » (*diyí'*) et décrire certains effets qu'il est censé produire sur les sujets vers lesquels il est dirigé. J'ai par ailleurs (Basso, 1969 : p. 30) défini la « force » en ces termes :

> Le terme *diyí'* désigne une force ou un ensemble complet de forces abstraites et invisibles censées dériver de certaines catégories d'animaux, de plantes, de minéraux, de phénomènes météorologiques et de figures mythologiques tirées de l'univers apache occidental. Ces diverses forces sont toutes susceptibles d'être acquises par l'homme et, lorsqu'elles sont correctement utilisées, d'être employées à toute une variété de fins.

Un pouvoir contrarié par un manque de respect envers sa source peut répliquer en affligeant le fautif d'une maladie. Le traitement adéquat de ces « maladies infligées par les forces » (*kásiṭị diyí' biḷ*) consiste en des cérémonies de guérison dans lesquelles un ou plusieurs hommes-médecine, au moyen de chants et de divers instruments rituels, tentent de neutraliser la force responsable des maux du patient en recourant à leur propre force.

Environ deux tiers de mes informateurs affirment que la force travaillée par l'homme-médecine pénètre dans le corps du patient ; d'autres estiment qu'elle ne fait que s'approcher de lui et l'envelopper. Mais tous s'accordent à dire que le patient entre en contact étroit avec une puissante force surnaturelle qui l'élève à une condition nommée *gòdiyó'* (sacrée, sainte).

Le terme *gòdiyó'* peut se traduire par « potentiellement dangereux » et est régulièrement employé dans ce sens pour décrire des catégories d'êtres et d'objets (parmi lesquelles toutes les sources de force) entourées de tabous. Conformément à la sémantique de *gòdiyó'*, les Apaches occidentaux expliquent qu'en plus de les conduire vers un état sacré, ce pouvoir rend les patients potentiellement dangereux. Et c'est précisément cette transformation qui, selon eux, constitue la cause première de la cessation de toute communication verbale lors des cérémonies.

Selon un informateur :

> Quand on commence à chanter pour quelqu'un, c'est comme s'il s'en allait avec le travail [c.-à-d. le travail de la force] de l'homme-médecine. Parfois, les gens pour qui l'on chante ne vous connaissent pas, même une fois qu'elle

■ 7. Sur plus de soixante-quinze cérémonies de guérison auxquelles j'ai pu assister depuis 1961, j'ai été témoin de la violation de cette règle à seulement six reprises. À quatre occasions, les fautifs étaient en état d'ivresse. Dans les deux autres, il s'agissait de réveiller un patient qui s'était endormi.

[la cérémonie de guérison] est achevée. Ils deviennent des êtres sacrés, et il faut éviter de leur parler quand ils sont comme ça [...] il vaut mieux les laisser tranquilles.

Un autre informateur livre des commentaires similaires :

Quand on chante pour quelqu'un, voilà ce qu'il se passe : l'homme pour qui l'on chante ne sait pas pourquoi il est malade ni dans quelle direction aller. Alors l'homme-médecine doit lui montrer et travailler sur lui. C'est à ce moment qu'il devient un être sacré. Il se met à voyager dans son esprit, et c'est pourquoi il faut se tenir éloigné.

Parce que l'on considère qu'ils se transforment en des êtres différents de ce qu'ils sont en temps normal par l'entremise d'un pouvoir surnaturel, les Apaches faisant l'objet d'une guérison rituelle suscitent la prudence et l'appréhension. Leur nouveau statut leur fait côtoyer le monde surnaturel et, en cela, se voit associé à un sentiment de danger et d'incertitude éminemment réel. Ces conditions s'allient pour faire de la situation de « se trouver en présence de quelqu'un pour qui l'on chante » un contexte dans lequel prendre la parole est perçu comme un manque de respect et comme un acte sinon dommageable, du moins potentiellement hasardeux.

VI

Bien que les types de situations décrits ci-dessus diffèrent nettement les uns des autres, j'avancerai dans ce qui suit que les déterminants qui sous-tendent le silence sont à chaque fois fondamentalement identiques. Je tenterai plus particulièrement de défendre l'hypothèse selon laquelle le silence, dans la culture apache occidentale, est associé à des situations sociales dont les participants perçoivent leurs relations mutuelles comme étant ambiguës et/ou imprévisibles.

Notons tout d'abord que dans toutes les situations que nous avons décrites, *le silence est défini comme un comportement approprié vis-à-vis d'un ou de plusieurs individus spécifiques*. En d'autres termes, l'usage de la parole n'est pas directement proscrit par le contexte d'une situation ou par les activités physiques qui l'accompagnent, mais par les attributs sociaux et psychologiques perçus chez au moins un participant central.

On observera en outre que, dans chaque type de situation, *le statut du participant central est caractérisé par son ambiguïté* – soit parce qu'il n'est pas connu des autres participants, soit, eu égard à des événements récents, parce qu'un statut initial a été altéré ou se trouve dans un état transitoire.

Ainsi, dans la situation n° 1, des individus qui se considéraient comme des « inconnus » évoluent vers une nouvelle relation : peut-être deviendront-ils des « amis » (*sìdikéé*), peut-être des « ennemis » (*šikédndíí*). Dans la situation n° 2, des jeunes gens ayant entretenu des rapports mutuels essentiellement limités tentent de s'adapter à la nouveauté et à l'intimité de leur statut d'« amoureux ». Ces deux situations sont similaires en ce que les participants centraux se connaissaient peu ou pas du tout précédemment. Leurs identités sociales ne sont pas encore clairement définies, et leurs attentes, dépourvues des fondations apportées par une expérience antérieure, sont peu développées. La situation n° 3 se révèle quelque peu différente. Bien que les participants – les parents et leurs enfants – se connaissent bien, leur relation a fait l'objet d'une interruption notable en raison de la longue absence de ces derniers. Associée à un possible changement d'attitude de leurs enfants provoqué par de récentes expériences à l'école, cette situation introduit un net élément de défamiliarisation et de doute. La situation n° 3 n'est pas caractérisée par l'absence d'attentes de rôle social, mais par la reconnaissance par les participants du caractère dépassé de ces rôles préexistants et de la nécessité de les repenser.

L'ambiguïté statutaire s'immisce dans la situation n° 4 parce qu'un participant central, en proie à la colère, se voit par conséquent jugé « fou ». Tant qu'il n'est pas revenu à la raison, les autres participants sont incapables de prédire son comportement. La situation n° 5 est similaire en ce qu'on estime qu'un participant central a subi une transformation de personnalité notable rendant ses actes plus difficiles à anticiper. Dans ces deux situations, le statut des participants centraux est incertain en raison des altérations réelles ou imaginaires qui affectent leurs dispositions psychologiques.

Dans la situation n° 6, un participant central se voit transformé par l'entremise d'un rituel qui le fait passer d'un état fondamentalement neutre à un autre, défini contextuellement comme « potentiellement dangereux ». Cette transition s'accompagne d'ambiguïté et d'appréhension et, à l'instar des situations n° 4 et 5, les schémas d'interaction établis doivent être abandonnés jusqu'à ce que ce participant retrouve un état moins menaçant.

Cette discussion met en avant un troisième aspect caractéristique de toutes les situations : *le statut ambigu des participants centraux s'accompagne soit de l'absence, soit de la suspension des attentes de rôles établis.* Dans chaque cas de figure, les participants non centraux (c'est-à-dire ceux qui s'abstiennent de parler) se révèlent hésitants vis-à-vis du comportement que le participant central adoptera avec eux ou, à l'inverse, du comportement qu'ils doivent adopter avec lui. Pour le formuler le plus simplement possible, leurs rôles se brouillent, avec pour conséquence que les attentes établies – si tant est qu'elles existent – cessent de constituer des repères guidant les actes en société et doivent être temporairement écartées ou radicalement modifiées.

Nous sommes à présent en mesure d'élargir notre hypothèse initiale et de la rendre plus explicite.

1. Dans la culture apache occidentale, l'absence de communication verbale est associée à des situations sociales dans lesquelles le statut des participants centraux est ambigu.

2. Dans ces conditions, les attentes de rôles fixes cessent d'être applicables et l'illusion de prévisibilité dans les interactions sociales est perdue.

3. Pour résumer et récapituler : garder le silence, chez les Apaches occidentaux, constitue une réponse face à la part d'incertitude et d'imprévisible dans les relations sociales.

VII

Demeure la question de savoir dans quelle mesure l'hypothèse ci-dessus permet d'expliquer le silence dans d'autres cultures. Il est malheureusement impossible d'offrir un semblant de réponse définitive à l'heure actuelle. Les travaux ethnographiques standards offrent trop peu d'informations au sujet des circonstances dans lesquelles la communication verbale est dissuadée, et il a fallu attendre ces dernières années pour voir des problèmes de ce type commencer à attirer l'attention des sociolinguistes. En résulte une absence quasi totale de données interculturelles adéquates.

En guise de premiers pas en vue de pallier ce manque, certaines tentatives sont actuellement mises en œuvre afin d'explorer les occurrences du silence et leurs interprétations dans d'autres sociétés indiennes du Sud-Est américain. À ce stade précoce, nos découvertes, bien que ni pleinement représentatives, ni suffisamment complètes, s'avèrent extrêmement révélatrices. À titre d'exemple, je reproduis ci-dessous des fragments d'un rapport préliminaire préparé par Priscilla Mowrer (1970), elle-même Navajo, qui a enquêté sur les aspects situationnels du silence chez les Navajos de la région de Tuba City, située dans la réserve du centre-est de l'Arizona.

I. *Silence et relations sentimentales :* les jeunes Navajos de sexes opposés qui commencent à peine à se fréquenter ne s'adressent pas la parole, et se contentent de s'asseoir côte à côte en se tenant parfois la main. [...] En public, ils tentent parfois de ne pas laisser paraître l'intérêt qu'ils se portent, mais les choses sont tout autres en privé. Si la jeune fille se rend à un événement public où le jeune homme est lui aussi présent, elle peut s'en aller toute seule. Le jeune homme lui emboîtera généralement le pas. Ils peuvent simplement se promener ou trouver un endroit où s'asseoir. Mais au départ, ils ne se parleront pas.

II. *Silence et membres d'une famille de retour d'une longue absence :* lorsqu'un membre masculin ou féminin d'une famille retrouve son foyer après une absence de six mois ou plus, il ou elle est initialement accueilli(e) par une poignée de main. Si la personne de retour est un homme, la femme qui l'accueille peut l'embrasser et pleurer – l'homme, cependant, ne montrera pas de signe d'émotion et restera silencieux.

III. *Silence et colère :* les Navajos ont tendance à se taire lorsqu'un individu ivre ou en colère leur crie dessus, parce qu'on le considère victime d'un accès de folie temporaire. Lui parler, estiment les Navajos, ne fera qu'aggraver la situation. [...] Les gens gardent le silence parce qu'ils estiment que l'individu n'est pas lui-même, qu'il a pu être victime d'un sort, et qu'il n'est pas responsable de son changement de comportement.

IV. *Deuil silencieux :* Les Navajos s'adressent rarement la parole lorsqu'ils pleurent un membre de leur famille. [...] Les Navajos font leur deuil et pleurent par paires. Les hommes s'embrassent mutuellement et pleurent ensemble. Les femmes pleurent également, mais se tiennent par la main.

V. *Silence et patients de cérémonies :* Les Navajos estiment qu'il ne convient pas d'adresser la parole à une personne pour qui l'on chante. Les seules personnes qui lui parlent sont l'homme-médecine et un membre féminin de sa famille (ou un membre masculin si le patient est un homme) chargé de la nourriture. La seule occasion où patient parle ouvertement est lorsque l'homme-médecine l'enjoint de prier avec lui.

Ces observations suggèrent l'existence possible de profondes similarités entre les contextes sociaux dans lesquels les Navajos et les Apaches occidentaux s'abstiennent de parler. Si cette impression en venait à être confirmée par d'autres recherches, l'hypothèse formulée plus haut pourrait être plus nettement étayée. Mais quelle que soit l'issue finale, les déterminants situationnels du silence bénéficieraient grandement d'études plus poussées. À mesure que nous en saurons davantage sur les types de variables contextuelles contribuant à décourager l'emploi de conventions verbales, nous apprendrons davantage des variables qui les encouragent et les soutiennent.

Traduction de Jean-François Caro

Bibliographie

BASSO K. H. (1966), *The Gift of Changing Woman*, Bureau of American Ethnology, Bulletin 196.
– (1069), "Western Apache Witchcraft", *Anthropological Papers of the University of Arizona*, n° 15.
– (1970), *The Cibecue Apache*, New York, Holt, Rinehart and Winston, Inc.
BROWN R. W. , GILMAN A. (1970), "The Pronouns of Power and Solidarity", *in* SEBEOK T. (ed.), *Style in Language*, Cambridge (Mass.), The Technology Press of Massachusetts Institute of Technology, p. 253-276.
CONKLIN H. C. (1959), "Linguistic Play in Its Cultural Context", *Language*, n° 35, p. 631-636.
ERVIN-TRIPP S. (1964), "An Analysis of the Interaction of Language, Topic and Listener", *in* GUMPERZ J. J. and HYMES D. (eds), *The Ethnography of Communication, American Anthropologist*, numéro spécial, vol. 66, n° 6, 2, p. 86-102.
– (1967), *Sociolinguistics. Language-Behavior Research Laboratory*, Working Paper n° 3, Berkeley, University of California.
FRAKE C. O. (1964), "How to Ask for a Drink in Subanun", *in* GUMPERZ J. J. and HYMES D. (eds), *The Ethnography of Communication, American Anthropologist*, vol. 66, n° 6, 2, p. 127-132.
FRIEDRICH P. (1966), "Structural Implications of Russian Pronominal Usage", *in* Bright W., *Sociolinguistics*, La Haye, Mouton, p. 214-253.
GARFINKEL H. (1967), *Studies in Ethnomethodology*, Englewood Cliffs, Prentice-Hall, Inc.
GOFFMAN E. (1961), *Encounters: Two Studies in the Sociology of Interaction*, Indianapolis, The Bobbs-Merrill Co., Inc.
– (2013) [1963], *Comment se conduire dans les lieux publics : notes sur l'organisation sociale des rassemblements*, Paris, Economica.

– (2016) [1964], « La situation négligée », *in* Goffman E., Winkin Y. (dir.), *Les Moments et leurs hommes*, Paris, Seuil/Minuit.

GUMPERZ J. J. (1961), "Speech Variation and the Study of Indian Civilization", *American Anthropologist*, n° 63, p. 976-988.

– (1964) "Linguistic and Social Interaction in Two Communities" *in* GUMPERZ J. J. and HYMES D. , *The Ethnography of Communication, American Anthropologist*, numéro spécial, vol. 66, n° 6, 2, p. 137-153.

– (1967), "The Social Setting of Linguistic Behavior" *in* SLOBIN D. I., *A Field Manual for Cross-Cultural Study of the Acquisition of Communicative Competence (Second Draft)*, p. 129-134, Berkeley, University of California.

HYMES D. (1962), "The Ethnography of Speaking" *in* GLADWIN T. and STURTEVANT W. C. (eds), *Anthropology and Human Behavior*, Washington, The Anthropological Society of Washington, p. 13-53.

– (1964), "Introduction: Toward Ethnographies of Communication" *in* GUMPERZ J. J. and HYMES D. (eds.), *The Ethnography of Communication, American Anthropologist*, numéro spécial, vol. 66, n° 6, 2, p. 229.

KAUT C. R. (1957), *The Western Apache Clan System : Its Origins and Development*, New Mexico, University of New Mexico, Publications in Anthropology, n° 9.

MARTIN S. (1964), "Speech Levels in Japan and Korea", *in* HYMES D. (ed.), *Language in Culture and Society*, New York, Harper and Row, p. 407-415.

MOWRER P. (1970), *Notes on Navajo Silence Behavior*, ms., University of Arizona.

SLOBIN D. I. (ed) (1967), *A Field Manual for Cross-Cultural Study of the Acquisition of Communicative Competence (Second Draft)*, Berkeley, University of California.

SITUATIONS

LES MALADIES DE LA MÉMOIRE
Entretien avec Bruno Le Dastumer et Emmanuelle Candas [1]

Les troubles de mémoire sont un motif fréquent de consultation dans les services de gériatrie, psychiatrie ou neurologie. Ils sont pour beaucoup synonymes d'un mot terrible : Alzheimer. Dès l'apparition de troubles mnésiques, chacun s'interroge : « Est-ce l'âge, ou bien la maladie ? Puis-je panser ma mémoire, ou vais-je dériver avec elle ? » Les docteurs Emmanuelle Candas et Bruno Le Dastumer, gériatres, spécialistes des troubles de la mémoire, font un état des lieux de la maladie d'Alzheimer et répondent à ces interrogations : comment faire la différence entre le vieillissement naturel du cerveau et les troubles mnésiques pathologiques ? Existe-t-il un traitement pour soigner la maladie d'Alzheimer ? Et surtout, comment accompagner le malade, dès le diagnostic établi ?

Cahiers Philosophiques : *Quelles sont les formes pathologiques des troubles de mémoire ? Quelle différence face aux troubles classiques de la mémoire relatifs au vieillissement ?*

Les troubles mnésiques sont, pour la plupart, la conséquence de l'avancée en âge. Ceux-ci sont donc physiologiques. Notre mémoire est altérée par le vieillissement, comme peut l'être tout autre de nos organes, mais sans jamais atteindre la limite de l'insuffisance. Les troubles de la mémoire peuvent être aussi pathologiques et, dans ce cas, il faudra identifier l'origine de ce symptôme. En effet, cette manifestation peut être réversible, rattachée à une pathologie potentiellement curable. Dépression, dysfonctionnement de la thyroïde, tumeur cérébrale, ou hydrocéphalie chronique de l'adulte en sont des exemples. Il faut ainsi, d'emblée, faire une remarque d'importance : prouver qu'un trouble de la mémoire est secondaire au vieillissement rassure le patient et ses proches et permet à tous de faire disparaître les craintes et rétablir une trajectoire de vieillissement « normale ». De même, identifier une étiologie curable peut conduire au traitement de celle-ci et à la diminution, voire disparition, des troubles de la mémoire rapportés. Cela justifie donc pleinement une enquête diagnostique méticuleuse. Malheureusement cette démarche peut amener à un diagnostic plus complexe et angoissant pour chacun. C'est le cas de la maladie d'Alzheimer qui, certes, est la plus

CAHIERS PHILOSOPHIQUES ▶ n° 149 / 2ᵉ trimestre 2017

---

1. Tous deux sont gériatres et spécialistes de la mémoire. Ils exercent à l'hôpital Sainte Périne (Paris XVIᵉ) au sein des Hôpitaux Universitaires Paris Ile de France Ouest – Assistance Publique Hôpitaux de Paris.

fréquente (60 % des syndromes démentiels) des maladies cognitives neurologiques du cortex cérébral mais point la seule ! Il s'agit, quelle que soit la zone concernée, de maladies touchant, à proprement parler, l'organe du cerveau.

La survenue de cette pathologie est tributaire de différents facteurs : l'âge en tout premier lieu, l'environnement, dans de rares cas la génétique familiale, mais surtout des manques en termes d'hygiène de vie et de diététique. On sait, en revanche, que le niveau socioculturel du sujet, ses apprentissages, son entourage et son rôle social pourront contribuer au retard de l'expression de la maladie. Les accidents vasculaires cérébraux de grande taille ou la multiplication des petites lésions vasculaires au fil du temps, sont synonymes d'une altération de l'irrigation cérébrale. Cela fera le lit des démences vasculaires, tel un moteur vital qui manquerait de « carburant ». Dans ce cas, le cerveau est « sain » mais le réseau d'irrigation destiné à son oxygénation est défaillant. C'est là, le type de démences sur lesquelles pourra être appliquée une véritable prévention : on sait qu'en maîtrisant correctement la tension artérielle, le rythme cardiaque, le diabète, ou encore l'hypercholestérolémie, on réussira, au moins, à retarder la survenue des troubles, voire éviter leur apparition. La prévention limitera ainsi la survenue de cette pathologie secondaire à une mauvaise hygiène de vie ou à des pathologies qui n'ont pas été prises à temps, et correctement, en charge. Et comme un train peut en cacher un autre, certains patients pourront à la fois présenter une maladie neurodégénérative et un défaut d'irrigation, ils présenteront alors ce que l'on appelle les démences mixtes.

Il faut rajouter qu'il y a aussi des maladies qui atteignent également le sous-cortex (maladie de Parkinson qui peut, à terme, se « démentifier », maladie à corps de Lewy…) associant des symptômes comportementaux, des troubles moteurs, et des troubles cognitifs. Nous voyons ainsi combien l'exploration des troubles de la mémoire est complexe et peut conduire à des diagnostics multiples et parfois terribles. Une chose est sûre, toute plainte concernant la mémoire appelle une consultation, qu'elle infirme toute suspicion et contribue ainsi à rassurer le patient ou qu'elle mette le doigt sur une pathologie. Dans le meilleur des cas, un traitement curatif pourra être entrepris et, à défaut, un accompagnement du malade et de ses proches sera mis en place par les professionnels.

C. P. : *Comment la retarder ?*

En entraînant son cerveau ! Concrètement, une personne qui possède un niveau socioculturel élevé aura un diagnostic de maladie d'Alzheimer plus tardif ; on ne sait pas si c'est le fait d'avoir ce niveau socioculturel élevé, ou si certains ont une réserve cognitive qui permettrait de retarder les signes d'apparition de la pathologie, constituant une forme de prévention naturelle. *A contrario*, d'autres patients, ayant une moindre réserve cognitive, révèleraient une diminution de leurs capacités plus tôt. Ainsi la stimulation cognitive pourrait, par anticipation, construire une grande capacité cognitive, et/ou formater une plasticité neuronale de qualité. Il faudrait donc avoir une vie active quotidienne faite de contacts, de sollicitations, afin de retarder l'apparition des signes de cette pathologie. Mais reste une vraie question : est-ce une réalité ou plus simplement un masque détournant nos tests établis sur une population « moyenne » ? Cela impose forcément de relativiser les premiers mots de cette réponse… La question de la prévention de l'apparition de la maladie est posée à chaque consultation.

La meilleure des réponses est donc de faire fonctionner son cerveau mais aussi d'avoir un sommeil de qualité. Nous savons qu'il existe un lien entre le fait de traiter une information reçue au niveau de l'hippocampe et de la nécessité de sa transmission nocturne vers le cortex cérébral, favorisant ainsi les réserves cérébrales. Un grand ennemi de cette possible activité nocturne, est la prise de psychotropes (benzodiazépines et autres...) qui favorise la déstabilisation de la mémoire à court terme. Ce qui semble maintenant une évidence ne l'était pas il y a encore peu de temps...

C. P. : *Vous avez employé plusieurs fois le terme de démence. Comment est-elle définie médicalement aujourd'hui ?*

Effectivement, nous parlons d'un syndrome démentiel derrière lequel se trouvent, comme nous vous le disions, plusieurs types de pathologies. Leur point commun est ce syndrome dit « démentiel » qui associe des troubles de la mémoire, une désorientation, des troubles de l'abstraction, du jugement, des troubles instrumentaux tels que ceux de la parole, de la reconnaissance ou de l'utilisation de son propre corps. De nombreux autres symptômes coexistent. Pour affirmer, devant ces symptômes, l'existence d'une maladie de la mémoire, il faudra constater leur retentissement sur les activités de la vie quotidienne, avec une altération des capacités de se laver, s'habiller ou se nourrir, par exemple. Contrairement au langage commun, il ne s'agit pas d'une pathologie psychiatrique. Si Aloïs Alzheimer était psychiatre, il était aussi neuropathologiste. C'est ainsi qu'en 1907, il a pratiqué l'autopsie d'une patiente de 58 ans chez qui les symptômes comportementaux n'entraient dans aucun cadre sémiologique psychiatrique connu. Sous le prisme des lentilles d'un microscope, il a pu mettre en évidence des lésions corticales spécifiques. De ce constat, est née ladite maladie d'Alzheimer, qui constitue aujourd'hui, la plus fréquente des maladies regroupées sous le terme de syndrome démentiel.

Tous ces éléments précédemment cités ne constituent le syndrome démentiel que s'ils retentissent sur la vie quotidienne ou professionnelle du sujet les présentant. Si vous présentez un stress organique ou psychologique important, vous pourrez alors présenter des troubles de l'attention ou de la mémoire qui, pour autant, ne vous empêcheront pas de vous habiller, de vous laver, de vous nourrir ou de parler. Cette autonomie maintenue dans les activités de la vie quotidienne infirmera le diagnostic de démence au profit du diagnostic de dépression par exemple. Il fut une époque où l'on pouvait écrire dans nos dossiers médicaux « démence normale pour l'âge », on parlait alors de « démence sénile », ce qui n'a désormais plus aucun sens. Le vieillissement normal est un vieillissement sans démence. Il n'y a pas de retraite mnésique, la mémoire continue toujours à fonctionner, c'est aussi pour ça qu'on arrive à se projeter, à avoir une vie intérieure et à raccrocher avec le passé. Le vieillissement produit une diminution de la mémoire et des capacités cognitives mais sur un rythme qui n'atteint pas le seuil d'insuffisance, qui ne retentit pas sur la vie quotidienne voire professionnelle si c'est encore le cas. Pour preuve, beaucoup de personnes continuent à travailler et ont une vie très active à plus de 80 ans.

C. P. : *Quelles sont les différences entre la maladie d'Alzheimer et les maladies apparentées, différents symptômes, différentes causes ?*

Vaste question. Vaste sujet. Nous pourrions parler des heures entières pour y répondre ! Pour rendre notre propos le plus clair possible, nous aborderons tout d'abord les causes identifiées puis parlerons des principaux symptômes s'y rattachant. Concernant les causes et pour compléter la réponse à votre première question, l'étiologie la plus simple à identifier est celle de la maladie vasculaire cérébrale : un vaisseau s'obstrue ou se rompt et un défaut d'irrigation des neurones devient majeur : il sera responsable de la mort neuronale d'aval et donc des capacités cognitives qui y sont rattachées en fonction de la zone concernée par l'accident vasculaire cérébral. Il s'agit d'un mécanisme de cause à effet très logique. À l'opposé, le cortex cérébral, parfaitement irrigué, peut être altéré par une neurodégénérescence, c'est-à-dire une maladie directe du tissu cérébral : il s'agit de la maladie d'Alzheimer. Comme nous l'avons déjà expliqué, il y a des formes mixtes associant ces deux pathologies, l'organe cérébral est à la fois malade et mal irrigué. Reste à s'intéresser au sous-cortex, la substance blanche de notre cerveau qui peut également être le siège de maladies neurodégénératives qui associent des signes locomoteurs, comportementaux et cognitifs. C'est ainsi que se distingueront maladie d'Alzheimer et maladies dites apparentées (maladie de Parkinson, maladie à corps de Lewy, etc.).

Il y a un second niveau de réponse, celui des symptômes associés aux pathologies et à la topographie des lésions induites. Pour rester simple, chaque patient présentera des symptômes très différents d'un autre. Il nous faudra être de bons cliniciens pour les classer et les regrouper sous forme des syndromes puis de l'attribuer à une pathologie. Un patient aura des troubles mnésiques au début isolés, un autre aura plutôt des troubles des phasies ou des gnosies, et un troisième un syndrome frontal avec des symptômes comportementaux « explosifs » ou au contraire une apathie majeure…

Ajoutons un troisième niveau de réponse qui montrera bien l'extrême complexité du diagnostic et du suivi thérapeutique : celui de l'évolution de ces pathologies. Si nous prenons l'exemple le plus connu qui est celui de la maladie d'Alzheimer, le début des symptômes sera celui des troubles de la mémoire. Puis ceux-ci vont s'enrichir des troubles des fonctions instrumentales (parole, reconnaissance ou l'usage gestuel) avec, sans conteste, des troubles du raisonnement logique, de l'abstraction puis de l'orientation dans le temps et dans l'espace. Cet ensemble évoluera sur une période de dix ou quinze années, progressivement et lentement. Nous pourrions remonter également bien en amont du diagnostic avec l'apparition, presque deux ans avant, de signes de dépression, d'anxiété, de sensation de déshabilitation sociale…

Nous devons également aborder « les mémoires ». Car nous ne bénéficions pas quotidiennement d'un unique système mnésique mais de plusieurs : d'abord la mémoire dite immédiate qui nous permet de traiter les informations à la seconde, et celle qui nous permet de retenir les événements en fonction des situations que nous vivons. Si je vous demande : « Que faisiez-vous le 25 août 2014 ? », vous ne sauriez comme moi quoi répondre. Mais, si je vous demande : « Que faisiez-vous le 11 septembre 2001 ? », nous le savons malheureusement tous et saurons donc répondre. C'est la mémoire événementielle. Nous utilisons également tous notre mémoire autobiographique, celle qui nous situe entre nos ascendants et nos descendants, celle de notre construction familiale, de nos repères de vie. Que dire de notre mémoire sémantique qui nous permet d'emmagasiner des milliards de connaissances. Le plus simple et le plus évident est la réponse que tout écolier français a en tête : 1515, c'est Marignan. C'est notre immense bibliothèque !

Enfin, il y a la « mémoire secrète » ! La mémoire procédurale. Celle dont nous nous servons sans jamais y penser. Elle est l'assimilation de nos apprentissages tels que celui de la bicyclette, de la marche, de la nage, de la conduite automobile. Ces gestes, maintes fois répétés, sont profondément ancrés en nous. Il s'agit de l'une des mémoires les plus solides malgré le temps et les pathologies. Tous ces symptômes, ces pertes et ces cataclysmes vont s'associer, se télescoper et se développer jusqu'à l'extrême. Mais au début... tout est si fruste, si anodin. Oublier de mettre un clignotant, oublier d'acheter le pain ou revenir avec trois plaques de beurre au lieu d'une. Rien d'explosif. Rien de « significatif » ... en apparence. Puis ces microsignes vont grandir et s'associer. Et tout proche se sentira coupable de n'avoir rien remarqué auparavant. D'autant que le sujet récite encore parfaitement des poésies entières, se souvient de tous les événements de son enfance. Mais nous l'avons vu précédemment, les systèmes mnésiques sont différents et tous ne s'altèrent pas à la même vitesse. Tel patient sera encore vif et brillant pour traiter une information complexe... mais ne se souviendra plus s'il a déjà fait sa toilette ce matin, où il a bien pu poser ses clefs ou son portefeuille ou s'il a pris ses médicaments. Il est d'ailleurs classique de rencontrer des couples au fonctionnement parfaitement symbiotique. Ces petits troubles de la vie quotidienne étant compensés immanquablement et sans même que le conjoint, pourtant « aux premières loges » ne s'en aperçoive. Ces personnes sont tellement proches que tout petit déficit ou accident sera compensé, par habitude, par fonctionnement conjugal, parfois par dénégation du « petit quelque chose qui cloche » ... Le responsable mis en cause sera la vieillesse, la prise de retraite, la distraction, la fatigue... et, inéluctablement, cela conduira à un retard diagnostic.

Nous savons, étonnamment, que des pays comme la France, qui en termes de recherches scientifiques et de pratique de la médecine sont très en avance, ont un retard diagnostic beaucoup plus prononcé que d'autres pays européens. Ce retard s'explique, en partie, par la méconnaissance des moyens mis à disposition dans l'offre de soins, des structures spécialisées à contacter, comme notamment les consultations mémoire, permettant d'établir un diagnostic. Les médecins généralistes, les personnes présentant ces troubles, et aussi, bien sûr, leurs proches, ne connaissent pas tous l'existence de telles consultations ou, pire, les considèrent sans sens, comme inutiles, devant l'absence de traitement curatif établi de ces syndromes démentiels. Certes, il n'y a pas de traitement curatif. Mais deux choses sont essentielles à retenir : premièrement, l'annonce de la « bonne » ou « mauvaise » nouvelle : temps essentiel et capital ; il sera le moment où l'on pourra dire que les troubles mnésiques sont secondaires au vieillissement normal et se limiter à des conseils préventifs hygiéno-diététiques ou, malheureusement, l'heure d'annoncer que le diagnostic est celui d'une maladie neurologique et/ou vasculaire probable. Il est inconcevable de ne pas l'annoncer, inimaginable de cacher la vérité au patient. Il est de notre mission de lui accorder le droit de se déterminer pour son avenir, de choisir une personne de confiance, de rédiger ses directives anticipées ou même son testament.

Cette annonce doit bien sûr être « calibrée », laissant place à la juste mesure de ce que le patient et ses proches peuvent entendre. Le malade sera revu inéluctablement lors d'une prochaine consultation qui pourra alors permettre d'avancer dans le processus de l'annonce, mais aussi de montrer aux proches qu'il s'agit là de symptômes dont le patient n'est pas responsable ! Si cet homme n'est pas perçu comme malade, son épouse pourrait considérer qu'il fait exprès de cacher les objets pour « l'embêter » ou que la violence qui apparaît est méchanceté et non l'expression de la maladie. Comment expliquer tout cela au patient lui-même et à ses proches sans annoncer la maladie ? Viendra ensuite le temps de l'accompagnement, des conseils, des soins spécifiques.

C. P. : *Quels sont les traitements possibles ?*
Soyons clairs. Il n'y a pas de traitement curatif de la maladie d'Alzheimer ou des maladies apparentées. Nous, thérapeutes, ne disposons d'aucune « pilule magique ». Alors, que reste-t-il à faire quand il semble ne plus rien y avoir à faire ? Nous venons déjà d'y répondre partiellement : prendre les symptômes mnésiques et autres au sérieux, écouter la plainte du patient comme les demandes des proches, en résumé, faire notre métier de médecin en portant un diagnostic et accompagnant le malade et son entourage. Il faudra bien entendu prescrire des traitements dits palliatifs pour ralentir l'évolution du syndrome démentiel. Mais dans quelle proportion ? Pour combien de temps ? Nous ne le savons pas. Nous ferons de notre mieux pour chaque malade que nous prendrons en charge. Il faudra le dire au patient et ses proches, avec prudence et discernement bien entendu : il n'y aura pas de miracle. De plus, ces traitements (les Anticholinestérasiques) pourront produire des effets secondaires ! Il faudra également savoir se restreindre dans les prescriptions des nombreux psychotropes à disposition : éviter ainsi d'ajouter une confusion mentale iatrogène aux troubles cognitifs ; mais savoir pour autant les prescrire, dans la bonne indication des souffrances engendrées par une dépression, l'anxiété, des hallucinations ou encore des délires. Alors que nous reste-t-il à disposition ? Les séances d'orthophonie dont le but est de préserver le langage et de proposer des exercices ayant pour but de développer une stimulation cognitive. Il y aura d'autres propositions de traitements non médicamenteux dans le cadre institutionnel tels que les hôpitaux de jour, les centres de jour, les EHPAD ou les centres spécialisés avec des ateliers spécifiques animés par des psychologues, des psychomotriciens, des ergothérapeutes ou par des soignants. Au niveau institutionnel, l'architecture est également un argument majeur, dédiée à apaiser les patients et éviter les ambiances « explosives » dans un espace de travail serein pour les malades comme les soignants.

L'autre pan de réponse est de prendre soin de l'aidant. Cela passe par l'écoute, la prise en considération de ses remarques, de son expérience, l'écoute de ses propres plaintes mais également par l'incitation à prendre soin de lui : tant en termes d'aménagement de son espace de vie (accueil de jour pour le patient, aides de vie à mettre en place au quotidien au domicile), qu'en termes de santé : beaucoup de personnes aidantes se négligent et décèdent avant leur proche malade. Un suivi régulier du patient dément permet de faire attention au moindre changement comportemental ou de diminution d'autonomie conduisant à proposer, devant l'évolution de la maladie, une institutionnalisation, qu'elle soit temporaire ou définitive, pour prendre soin de la personne malade mais également protéger son aidant. Cette démarche associe l'aidant comme le patient. Les interrelations entre l'aidant et son proche malade sont complexes : bien évidemment existe ce fameux fardeau combien de fois décrit. Mais il existe, en parallèle, une satisfaction majeure à s'occuper de l'être aimé. Notre travail est donc bien de s'occuper de tous : malade, aidant, proches... car cette maladie devient vite une pathologie familiale par la charge que représentent les troubles cognitifs, leur cortège de symptômes comportementaux, et la perte d'autonomie qui en découle. Une chose est évidente dans notre métier de gériatre : travailler seul est impossible. Nous exerçons un métier dont le maître mot est la pluridisciplinarité. Et c'est ainsi, grâce à l'intervention de plusieurs professionnels, que nous réussirons à optimiser la prise en charge de nos patients.

C. P. : *Maintenir le malade à domicile jusqu'au bout est-il possible ? Rentrer un jour en institution est-il inévitable ?*
Trois patients atteints de cette maladie sur quatre meurent à domicile, quel que soit le stade d'évolution de la maladie. Ce chiffre est totalement inconnu du grand public. Évidemment, ces malades ne vivront pas seuls : c'est inconcevable. Car deux types de dépendance vont se développer : la dépendance psychique et la dépendance physique qui seront inévitablement, à terme, intriquées l'une à l'autre. Il est tout à fait possible qu'un patient présente de grandes altérations cognitives et marche toujours correctement ou inversement qu'il soit grabataire sans la moindre altération cognitive. Mais, malheureusement, l'évolution de la maladie conduira à ce que la dépendance devienne totale pour l'une voire les deux types de dépendance… et ce, lentement, sur la dizaine d'années d'évolution de la pathologie. Le maintien à domicile nous semble réalisable dans bon nombre de cas, exception faite de deux situations extrêmes : le développement de symptômes comportementaux sévères (agitation, désinhibition, violence verbale ou physique…), ou l'absence d'aidant naturel (soit de longue date, ou, comme vu précédemment, par son décès).
Dans le premier cas, la violence peut s'inviter à domicile. Imaginez la toilette d'une personne qui fuit la salle de bains sans cesse, qui vous tape dessus ou qui refuse de se déshabiller. Le mari de l'une de nos patientes nous a dit cette phrase aussi mémorable que terrifiante : « Je ne pensais pas, qu'un jour, il me serait désagréable de déshabiller mon épouse. » On en revient à cet élément princeps fondamental : il est quasiment criminel de ne pas porter le diagnostic de maladie démentielle. Poser un diagnostic, même si, derrière, il n'y a pas de moyen curatif, est impératif car il livre l'explication de l'ensemble des symptômes, d'actes insensés, de comportements qui heurtent et blessent. Ainsi, cet être aimé ne vous veut pas de mal, il se débat seulement contre ce qu'il ne comprend plus ! Par ailleurs, ces pathologies évoluant sur plus ou moins dix ans, le maintien à domicile peut également être mis en péril par la survenue d'autres pathologies (infarctus, accident vasculaire cérébral ou encore fracture du col du fémur…). Vous voyez donc qu'il n'y a pas de règles en matière de maintien à domicile. La personnalité du malade, l'évolution de sa pathologie, l'émergence de symptômes incontrôlables, un accident de santé autre, l'évolution de la situation familiale peuvent venir perturber un équilibre installé mais, chaque jour, fragile.

C. P. : *Quel est le nombre de patients atteints en France aujourd'hui ? Comment ces chiffres évoluent-ils avec le temps ?*
Le chiffre qui fait actuellement consensus est celui de 860 000 malades diagnostiqués. Mais nous savons que seul un malade sur deux est diagnostiqué aujourd'hui dans notre pays… Ce chiffre ne peut que croître dans les années à venir car le principal facteur de risque est l'avancée en âge. Pour bien se rendre compte, sachez que les personnes de moins de 65 ans représentent 2 % de la population des malades, et que dans la tranche d'âge des plus de 90 ans, 18 à 20 % sont touchés. Certes l'avancée en âge

n'est pas une maladie. Mais elle favorise le développement de nombre de pathologies, dont les troubles pathologiques de la mémoire.

C. P. : *Est-ce que l'évolution du nombre de malades s'explique uniquement par le vieillissement de la population ou existe-t-il d'autres causes, comme, par exemple, l'aluminium dans les vaccins ?*
Les causes autres que le vieillissement sont complètement anecdotiques. L'imputabilité de ces autres causes est à géométrie variable : celle de l'aluminium est sans doute prise plus au sérieux aujourd'hui qu'auparavant, toutefois cela ne doit pas conduire à critiquer les vaccinations, qui, ne l'oublions pas, sauvent des centaines de millions de vies dans le monde. L'âge est le premier facteur, loin devant les autres. Les femmes sont plus touchées par cette maladie, ce qui s'explique par le fait qu'elles vivent plus longtemps que les hommes. Nous savons également qu'il y a plus de risque de développer une maladie d'Alzheimer lorsqu'existent des antécédents familiaux de cette pathologie (deux fois plus de « chances » statistiquement que la population générale), mais cela en reste là, ce n'est pas une transmission génétique bien ciblée. D'autres étiologies sont retrouvées : les traumatismes à répétition, les anesthésies générales à répétition mais cela reste encore mal connu. Quant à l'environnement, être issu d'un milieu socio-économique élevé est le meilleur protecteur. La caféine protège un peu. Il a été affirmé que le vin de Bordeaux protégerait (deux verres par jour) selon une étude fameuse et réputée en France... Pour l'instant, tout cela reste très anecdotique.

C. P. : *Y a-t-il des modifications de l'ADN liées à cette maladie ?*
Il faut rassurer tout le monde ! Il existe plus une susceptibilité génétique qu'une maladie génétique à transmission aussi classique que la mucoviscidose ou d'autres pathologies génétiques et héréditaires. Oui, des gènes sont impliqués dans l'apparition de cette pathologie du fait même de la production de protéines anormales. Mais cette maladie n'est pas l'expression d'un seul gène. Nous en connaissons un bon nombre (1, 14, 19, 21...), mais a priori pas encore tous...

C. P. : *Guérir les altérations cérébrales survenues pendant la maladie est-il possible ?*
Pour l'instant on ne peut que retarder un peu l'évolution. Il n'y a clairement pas de traitement médical à ce jour, sauf expérimental. Certaines équipes commencent à penser aux cellules-souches, démarche assez commune devant les pathologies où l'on ne dispose que de peu de moyens d'action. De grandes recherches sont menées aujourd'hui en immunothérapie : le principe étant d'injecter un antigène qui va ressembler fortement à certaines lésions, à certaines protéines anormales présentes dans le cerveau malade. Mais tout cela reste encore expérimental. Comme nous l'avons déjà exprimé, nous ne disposons actuellement que de quelques traitements palliatifs, de traitements non médicamenteux, et de moyens d'accompagnement du patient et de ses aidants.

C. P. : *Comment la maladie est-elle vécue par le patient ?*
Votre question est importante, et amène encore une fois à des réponses multiples. Nous pouvons mettre en avant qu'il existe autant d'expressions du vécu des troubles que de patients. À quoi cela tient-il ? Certainement à la personnalité antérieure du patient : a-t-il été un grand anxieux ? Un grand dépressif ? Un grand optimiste ? Cette personne âgée a-t-elle présenté des troubles psychiatriques antérieurs à l'apparition

de la maladie ? Mais aussi, peut-être, le ressenti est-il lié à la localisation anatomique des lésions cérébrales, au stade d'évolution de la maladie ? Le vécu de l'apparition des tout premiers troubles peut provoquer une dépression avant même que le diagnostic de démence ne soit posé. Est-ce parce que le patient s'aperçoit de certaines incompétences ? Ou serait-ce la conséquence de remaniements biochimiques intracérébraux ? Puis vient le temps de l'annonce diagnostique d'une pathologie neurologique chronique, évolutive et incurable… Cette maladie va évoluer de façon lentement progressive, marquée par l'apparition d'incompréhension des situations, parfois par les difficultés rencontrées par le conjoint, ou par le renforcement de conflits pré existants… Regardez tel ou tel patient qui marche le sourire aux lèvres : il a sans doute oublié qu'il ne se souvient pas. En discutant avec les familles, au fil des années, on perçoit que l'humain, avec l'âge, ne reste à jamais que ce qu'il a été : les personnes qui étaient plutôt calmes, sereines, optimistes, positives même dans le cadre de la maladie vont pouvoir garder ce profil constitutionnel de leur être. Les caractères forts, impétueux se retrouveront aux heures de la maladie. Le vécu sera différent d'une personne à une autre ou d'un couple à l'autre, fort des personnalités et des histoires de vie.

C. P. : *Faut-il communiquer le diagnostic ? Comment ? Et quelles seront les réactions du patient ?*

C'est la question la plus complexe qui soit. Il y a des lois et il y a notre métier de gériatre. Nous pourrions avec aisance demander à la première consultation médicale : « Si vous aviez une maladie d'Alzheimer, aimeriez-vous le savoir ? » et se servir de cette réponse, pour annoncer ou non le diagnostic, sans modulation. Ne serait-ce point de la première sauvagerie ? Notre métier de gériatre appelle avant tout humanité et empathie. Il n'y a évidemment pas de règles strictes même s'il existe heureusement la loi dite Kouchner qui donne un cadre général. Faire preuve d'humanité et d'empathie reste tout aussi nécessaire et obligatoire que les lois établies !

Bien évidemment, il nous faut communiquer le diagnostic à tous les patients. Mentir est devenu indéfendable, comme de faire preuve d'un paternalisme délétère. La question n'est donc pas de savoir s'il faut en faire l'annonce, mais plutôt de comment le faire ! Comment annoncer une maladie incurable et mortelle à un grand anxieux ? Sans précaution ? Alors, effectivement cela paraît plus simple lorsqu'un patient arrive à la seconde consultation en demandant : « Alors c'est Alzheimer ou pas ? ». Nous pensons qu'il faut donner une temporalité à cette annonce. La faire, oui, mais pas à pas. D'abord, en annonçant qu'il faudra organiser une enquête diagnostique en hôpital de jour et faire pratiquer une IRM encéphalique. Cette journée sera composée d'un entretien avec le psychologue, de tests neuropsychologiques, d'un entretien infirmier, d'un entretien avec l'assistante sociale. Chaque étape étant un moment d'échanges et de mini-annonces discrètes…

Puis viendra, dix à quinze jours plus tard, la consultation d'annonce qui se voudra directe ou non, discrète ou non… C'est au médecin de prendre sa décision. D'accompagner d'abord l'annonce puis la maladie, en son âme et conscience. Rien ne sert de précipiter les choses. Cela fait des années que les lésions évoluent, que les troubles de la mémoire progressent. Où donc est l'urgence tout à coup ? Il faut se donner le temps nécessaire et celui-ci différera d'un patient à l'autre, évidemment. Parfois même se faire accompagner d'un ou d'une psychologue sera opportun. Nous aussi, médecins savons sentir parfois le besoin d'aide d'un autre professionnel de santé dans cette prise en charge complexe du patient et de ses proches. Ayons cette humilité.

C. P. : *La maladie d'Alzheimer est-elle mortelle ?*
Cette maladie touche les centres les plus complexes de notre système neurologique. Elle va, à terme, altérer des fonctions premières, fonctions qui pourront, au début, être compensées. La mise en place d'une aide humaine, et/ou technique, pour assurer les activités élémentaires du quotidien, se laver, s'habiller, se déshabiller, manger, ou se déplacer, saura remédier au manque. Puis, la maladie évoluant, ces déficits toucheront des fonctions à caractère encore plus vital comme celles de la déglutition : 68 % à 70 % des patients décèdent des conséquences de fausses routes survenues en s'alimentant. En effet, ces fausses routes peuvent être aiguës et démonstratives, mais aussi plus torpides provoquant des infections bronchopulmonaires à répétition qui seront traitées par des antibiotiques qui finiront par ne plus être efficaces et nous laisserons sans armes thérapeutiques. Cette répétition des troubles de déglutition, produira ainsi des infections de plus en plus fréquentes et de plus en plus compliquées à traiter, puis une alimentation de plus en plus complexe à apporter, donc la dénutrition, l'amaigrissement, la fonte musculaire, des escarres… une spirale impossible à interrompre…
Alors, oui, la maladie d'Alzheimer est mortelle. Le patient meurt des conséquences de la maladie. Et oui, c'est important de le dire aux proches car cela leur apporte des éclairages pour la suite de l'accompagnement : quelles étaient ses directives ? Jusqu'où intervenir ? Comment envisager et accompagner la fin de vie du patient ?

C. P. : *La question de l'euthanasie se pose-t-elle quelquefois ?*
Oui bien entendu, les proches la posent souvent, en revanche exceptionnellement les patients, la maladie les privant de cette capacité d'expression à l'heure où la question se poserait à eux. Quant au gériatre, jamais il ne se la posera ! Nous sommes là pour accompagner le patient et lui apporter un confort de vie maximal, dans ce contexte de maladie incurable. Nous sommes souvent contraints d'arrêter des traitements, des perfusions, ou l'alimentation parce que le corps ne peut plus suivre. C'est lui, ce corps affaibli qui dirige la fin de vie et nous, gériatres, qui l'accompagnons. En traitant les symptômes inconfortables observés, nous nous inscrivons strictement dans le cadre de la loi. L'euthanasie, en France, est un assassinat. Sans paraître trop péremptoire, trop emphatique, il est fondamental de rappeler que notre mission de soignant est d'accompagner, de soulager le patient et ses proches, des premiers signes cliniques du syndrome démentiel jusqu'à la fin de vie, sans symptôme incontrôlé et dans le respect de la dignité humaine.

Propos recueillis par Barbara de Negroni
2ᵉ trimestre 2017

ABSTRACTS

La mémoire

Philosophie à l'épreuve des faits : mémoire et identité
Michel Malherbe

Is everything in human life reducible to a philosophical question? Alzheimer's disease is a part of human reality. It can be described: the gradual loss of memory, the breaking down of personal identity. Since Locke, philosophy has linked personal identity to consciousness. Consciousness is an act, not a substance. How is it possible to think that act as an identity through time? Memory comes into play. But memory does not give the answer, even when one moves away from the psychological issues of that faculty to the ontological question of time. How can we then recognize the alzheimer patient as a human being?

Mémoire constructive, imagination et voyage mental dans le temps
Loraine Gérardin-Laverge

There are commonly two presuppositions concerning memory. When we talk about memory, we seem to consider it as a unified faculty. Moreover, we are used to thinking about it as a conservative faculty. But contemporary research points to a very different picture. In this text, we sketch the history of a rising hypothesis, that of a constructive dimension of episodic memory, by underlining three dimensions of the construction: cultural, intersubjective, and individual. Remembering is (re)constructing within and according to cultural frames, relationships, and projection in time.

Répétition et repentir : les paradoxes d'une mémoire religieuse
Barbara de Negroni

A fundamental role is played by religious memory in Kierkegaard's work. That kind of memory is as opposed to the fleeting life of the aesthete as it is to ethical commitment: such an anxiety-laden presence makes us live in a discontinuous time, articulating sensitive life to eternity, based on a troubled freedom, on the fundamental anxiety of sin. Such memory often takes the form of repentance: we must live in the permanent remembrance of wrongdoing, as a burden we keep on carrying along. God's word should awaken the sense of sin in ourselves, be a thorn in our flesh and give all its strength to a subjective memory.

Forme et matière informatiques : le concept de mémoire et ses réalisations physiques
Didier Lommelé et Baptiste Mélès

We are surrounded by machines, one component of which is named after a cognitive faculty of the living. Computers have indeed one or several "memories": primary and secondary memories, hard drives, memory cards, USB devices, etc. What is the meaning of computer memory, and what are the conditions of its material possibility? We will first show that the notion of memory comes from the very idea of information processing, and thus plays a major rôle in the formal IT models. We will then show how the likely distorsions induced by physical realization may be overcome. We will thereby see the particular relation between form and matter in IT: if an inscription in matter is possible, it is in any material whose physical characteristics are systematically neutralized. Form thus appears by abstraction from the matter in which it is expressed.

Les jeux de mémoire d'un matériau industriel
Entretien avec Ivan Grinberg

How can be written the history of an industry, or even that of an industrial material such as aluminium? And what relations does that industrial history bear to the memories of those who were responsible for it: engineers, technicians, workers? Those questions not only reflect the tension between subjective memory and objective history, for that material, beyond the issues of production and immediate use, bears in its way the traces of a cultural and social history which partly outgrows the field of common narratives.

Les maladies de la mémoire
Entretien avec Bruno Le Dastumer et Emmanuelle Candas

Memory disorders are a frequent reason for consulting in geriatric, psychiatric or neurological services. Many of them are synonymous with a terrible word : Alzheimer. As soon as difficulties in remembering appear, everyone asks: 'Is it old age, or is it a disease? Can I nurse my memory, or will I drift along with it?' Dr. Emmanuelle Candas and Dr. Bruno Le Dastumer are geriatric physicians, specialists of memory disorders. They give here an up-to-date account of Alzheimer's disease and answer the questions: how to make the difference between the brain's natural aging and pathological memory disorders? Is there a cure for Alzheimer's disease? And above all, how to take good care of the sick, once the diagnosis has been made.

FICHE DOCUMENTAIRE

2ᵉ TRIMESTRE 2017, N° 149, 124 PAGES

Le dossier de ce numéro est consacré à la notion de mémoire dans la variété de ses formes et la pluralité de ses implications.

La rubrique « Introuvables » propose, en complément de ce dossier, la traduction d'un article de l'anthropologue Keith H. Basso, consacré au silence dans la culture apache occidentale.

La rubrique « Situations », en complément du dossier, publie un entretien avec deux médecins gériatres consacré aux pathologies de la mémoire.

Mots-clés

Alzheimer, Alois : 1864-1915 ; Basso, Keith H. : 1940-2013 ; Bergson, Henri : 1859-1941 ; Hume, David : 1711-1776 ; identité, imagination, Kierkegaard, Søren : 1813-1855 ; Locke, John : 1632-1704 ; mémoire informatique, mémoire religieuse.

Cahiers Philosophiques

BULLETIN D'ABONNEMENT

Par courrier : complétez et retournez le bulletin d'abonnement ci-dessous à :
Librairie Philosophique J. Vrin - 6 place de la Sorbonne, 75005 Paris, France
Par mail : scannez et retournez le bulletin d'abonnement ci-dessous à : fmendes@vrin.fr
Pour commander au numéro : www.vrin.fr ou contact@vrin.fr

RÈGLEMENT

☐   France
☐   Étranger

☐   Par chèque bancaire :
à joindre à la commande à l'ordre de
Librairie Philosophique J. Vrin

☐   Par virement sur le compte :
BIC : PSSTFRPPPAR
IBAN : FR28 2004 1000 0100 1963 0T02 028

☐   Par carte visa :

_ _ _ _   _ _ _ _   _ _ _ _   _ _ _ _

expire le : _ _ / _ _
CVC (3 chiffres au verso) : _ _ _

Date :
Signature :

ADRESSE DE LIVRAISON

Nom
Prénom
Institution
Adresse

Ville
Code postal
Pays
Email

ADRESSE DE FACTURATION

Nom
Prénom
Institution
Adresse
Code postal
Pays

ABONNEMENT - 4 numéros par an

Titre	Tarif France	Tarif étranger	Quantité	Total
Abonnement 1 an - Particulier	42,00 €	60,00 €		
Abonnement 1 an - Institution	48,00 €	70,00 €		
			TOTAL À PAYER :	

Tarifs valables jusqu'au 31/12/2017

* Les tarifs ne comprennent pas les droits de douane, les taxes et redevance éventuelles, qui sont à la charge du destinataire à réception de son colis.

 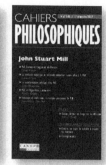 

Derniers dossiers parus

Achevé d'imprimer le 13 juin 2018
sur les presses de
La Manufacture - Imprimeur – 52200 Langres
Tél. : (33) 325 845 892

N° imprimeur : 180772 - Dépôt légal : septembre 2017
Imprimé en France